SENDEROS
DE LA VERDAD

CONFERENCIAS

Por
Neville Goddard
Imaginatio Divina Media

Publicado en 2024 por Imaginatio Divina Media.

Sitio web: www.imaginatiodivinamedia.com

SENDEROS DE LA VERDAD (CONFERENCIAS).

ISBN: 979-8-3306-3836-9

Contenido

¿Te has preguntado alguna vez si realmente tienes el poder de transformar tu vida?

¿Es posible que, a través de la imaginación, puedas alcanzar tus sueños más profundos?

En el libro "Senderos De La Verdad", descubrirás una reveladora perspectiva sobre cómo la mente humana, cuando se conecta con lo divino, puede crear la realidad que deseas. Este texto no solo explora la capacidad de la imaginación para cambiar nuestra realidad, sino también el profundo vínculo entre el hombre y lo divino.

A lo largo de sus páginas, aprenderás a "morir" a lo que eres para renacer en el ser que deseas ser. El autor te invita a reflexionar sobre las enseñanzas espirituales y a comprender que la verdadera transformación proviene de un acto consciente de visualización y fe. Al seguir este camino, te adentrarás en los misterios de la imaginación, descubriendo que tú mismo eres el arquitecto de tu destino, y que el poder divino reside dentro de ti.

¿Estás listo para emprender este viaje hacia la realización de tu verdadero potencial? Caminando hacia la verdad te ofrece las claves para acceder a un estado más alto de conciencia, donde la mente humana y lo divino se convierten en uno solo.

EL ARTE DE MORIR

Neville Goddard
(23-03-1959)

Si estás con nosotros por primera vez, esto es lo que creemos y enseñamos aquí. Creemos firmemente que tú, el individuo, puedes realizar cada uno de tus sueños, y la razón es que Dios y el hombre son uno. Creemos que la diferencia no está en la mentalidad con la que operamos sino sólo en los grados de intensidad del poder operante mismo, y que llamamos Imaginación humana.

Keats [John Keats (1795-1821)] dijo: "Puedes tomar cualquier pasaje importante y espiritual y te servirá como un punto de partida hacia los treinta y dos palacios". Toma esta simple sentencia de las cartas de Pablo a los Corintios: "Muero cada día", o la declaración de Blake en su carta a Crab Robinson: "La muerte es lo mejor de la vida. No hay nada en la vida como la muerte, pero la gente toma mucho tiempo en morir. Al menos, sus vecinos nunca los verán levantarse de la tumba." Si entiendes a Blake no podrías pensar de la muerte como el mundo piensa de la muerte, sino que verías que nadie puede crecer sin superar situaciones y condiciones con la edad. Pero el hombre no está dispuesto a superar situaciones y condiciones con la edad y, sin embargo, quiere cosas distintas de las que tiene. Pero si permaneces en un estado, siempre tendrás que sufrir las consecuencias de no estar en otro estado. (De la "Hermética") Si me quedo en el estado de la pobreza tengo que sufrir las consecuencias de no estar en el estado de la riqueza. Por lo tanto debo aprender el arte de morir. Pablo dice: "Muero cada día". Blake dice: "La gente toma mucho tiempo en morir". El hombre no supera con la edad su estado de mala salud o su viejo empleo o su entorno. Debemos aprender el arte de morir, y esta semana es la gran muerte y se nos dice que Dios muere para que el hombre pueda vivir.

Nosotros decimos que la Imaginación de Dios y la del hombre son una, sin importar cuan lejos vaya. Los universos son creados y sostenidos por "el mismo poder que sostiene nuestro entorno". Nosotros decimos que el poder es el mismo, pero reconocemos una gran diferencia entre el poder que sostiene el universo y el que sostiene un ambiente. La diferencia está sólo en el grado de intensidad del centro de imaginación. Por tanto, si incrementamos la intensidad [en] el centro de imaginación, crearemos cosas cada vez más grandes. Así que veo mi sueño, y debo aprender a morir a lo que soy para vivir a lo que quiero ser.

Ahora, este es el significado místico de una muerte en la Biblia – la muerte de Moisés, una historia familiar para todos nosotros. Se nos dice que Moisés viene de la tierra de Moab (Deuteronomio 34) y después escala la montaña de Nebo, va a Pisga, ve Galaad, y finalmente él observa la tierra prometida de Jericó. Pero el Señor le dice: "Te dejaré ver la tierra, pero no podrás entrar en ella". Luego Moisés muere. (El estado actual no puede ser llevado al nuevo; tiene que morir como consecuencia del nuevo [estado] vivificado.) "Pero sus ojos no se oscurecieron y su vigor no disminuyó". Y nadie sabe dónde está enterrado. En primer lugar recuerda que todos los personajes de la Biblia se desarrollan en la mente del hombre. Yo soy Moisés, tú eres Moisés. Su significado es "levantar" o "sacar de". Se nos dice al principio de la historia que él fue sacado de entre los juncos. La palabra ["Moisés" – en hebreo, "Moshe"] escrito al revés en el antiguo hebreo significa "el Nombre" [haShem] o "YO SOY". Así que estoy sacando de mi propio ser, o el YO SOY. Moisés viene de "Mo ab". Esto viene de dos palabras hebreas que significan "Madre-Padre", o "matriz". Después él escala la montaña de

Nebo, que significa "profetizar", o que representa el estado subjetivo que se anhela. Voy a profetizar para ti, o tú para otro. Tú singularizas el anhelo de una persona. Si él anhela algo significa que no lo tiene, de lo contrario no podría estar anhelándolo. Pero Moisés escala Nebo – es decir, él participa en ver el estado anhelado. Yo singularizo algo que implica que soy el hombre que quiero ser. Yo escalo la montaña. Luego viene Pisga, que significa "contemplar". Yo contemplo lo que quiero ser. Entonces él ve Jericó, que significa "un olor fragante". Voy a contemplar el estado deseado hasta que obtenga el sentimiento o la reacción que satisface. No sólo he escalado Nebo sino que he alcanzado Pisga y observado Jericó. Estoy lleno de la emoción que implica que el acto se ha completado. Luego está Galaad, que significa "cerro de los testigos". Entonces yo, como Moisés, muero. No puedo entrar en la tierra prometida, y nadie puede encontrar el lugar donde estoy enterrado.

¿Qué significa eso? Si estoy asolado por la pobreza y el miedo y entonces te encuentras conmigo y me ves [en tu imaginación] tan libre como un pájaro y feliz, en ese momento no soy el hombre que conocías que estaba asustado. Entonces, ¿dónde está ese otro hombre enterrado? Pues Moisés es el poder en el hombre (en el hombre genérico, macho-hembra) para sacar de sí mismo cualquier cosa que él desee en este mundo, y para así representar el drama de que él muere a lo que era, para que él pueda vivir a lo que él está representando. Eso es Moisés – y nadie puede saber dónde está enterrado. Pero se nos dice: "Su ojos no se oscurecieron ni perdió su vigor". Es decir, cuando yo muero, es cuando represento el drama. No espero a que aparezcan señales; es cuando estoy más consciente de mis limitaciones y siento la presión, entonces es cuando debo aprender a morir. Tengo que aprender a dejar ir lo que mis sentidos dictan y "volverme loco" y entregarme a lo que es sólo un sueño. Pero sosteniéndolo y viviendo en él, muero a lo que físicamente era real mientras gradualmente elevo lo que sólo era un sueño. Tú conocías únicamente al hombre asustado y no al otro. Nadie puede decir a dónde se fue el hombre asustado.

De esta manera es como el arte de morir se dramatiza en la Biblia como la muerte de un hombre. Pero no tiene nada que ver con un hombre específico, pues la historia de la Biblia tiene lugar en la mente de cada hombre. Me crucificaré a mí mismo, porque Dios se crucificó en mí para que yo pueda vivir. Pero ahora debo clavarme a mí mismo sobre lo que deseo y, permaneciendo fiel a ello, levantarlo como [hizo] Dios [cuando] se clavó en mí. (Hablando de su cuerpo actual) se cree un hombre llamado Neville, dándole a Neville el mismo poder que es suyo (pero con menos intensidad) con la esperanza de que yo levantaré el poder para más grandes cosas en mi mundo en las que pueda clavarme, y así levantarlas. No hay ninguna posibilidad de que el hombre dé vida a su sueño a menos que Él se clave en esta cruz que es el hombre. Estamos viviendo porque Dios se clavó a nosotros. Ahora el hombre, con menos intensidad, le da paso a otros estados y no a lo que los sentidos dictan, se hace uno con el estado y se clava a él (fijándose en el estado mediante la emoción y el sentimiento) y entonces él será elevado.

Porque la crucifixión viene antes de la resurrección. La crucifixión sin la resurrección sería impensable; sería el triunfo total de la tiranía. Si pudiera entregarme a mi sueño y no se convirtiera en carne, sería la tiranía total sobre este maravilloso concepto de la vida. Pero no puedes fallar si te entregas. Si te retienes en tu interior, preguntándote "¿Qué voy a jugar como mi última carta si esto no funciona?" entonces no te has entregado, no te has clavado a él. Es una entrega completa. Es el gran grito "¡Dios mío, Dios mío! ¿Por qué me has abandonado?" Si sabes que eres Dios haciéndolo, puedes entregarte. Pero debe haber total abandono, como si fuera verdad y entonces lo conviertes en una realidad. El precio es esa forma de abandono mental que Blake llama "locura". Pero el hombre tiene miedo; no se atreve a abandonarse de ese modo a su sueño, así que nunca "muere". Por tanto Blake tenía razón cuando dijo: "No hay nada como la muerte: lo mejor en la vida es la muerte".

Muchas personas sólo envejecen, pero nunca cambian interiormente. Sólo maduran físicamente, pero no han muerto en el sentido místico. No hay poder transformador en la muerte física, y todavía estarán anclados en un mundo más grande con todas las tendencias de este mundo. Para nuestros sentidos ellos parecen estar muertos, pero todavía, en otro plano, tendrán que aprender el arte de morir. Yo puedo en cualquier lugar desprenderme tan completamente de lo que está ocurriendo que puedo "morir" a ese estado. Así que cada pequeña muerte es el levantamiento de la imagen divina. Esto significa morir como el místico da a entenderlo. Significa morir mentalmente. El hombre muere a la mala salud, o a la pobreza, o a la falta de armonía, etc., pero lo hace entregándose a los otros estados.

Blake considera a todos los estados como permanentes, al igual que en su gran poema respecto a Los Salones de Los: "Maldigo la tierra para el hombre y lo hago permanente". Así que los estados permanecen y el hombre pasa a través de los estados, como si fueran ciudades. Si no paso a través de algún estado pero permanezco en él, creo que [ese estado] es la única realidad. No puedes concebir que un estado no existe, porque la totalidad está terminada; pero el hombre sólo está despertando al morir a un estado tras otro.

Toma a un amigo que no esté bien o que no pueda liberarse de algún estado. Represéntate a ese amigo como debería ser visto por el mundo entero, y en el grado en que tú seas fiel a esa representación, a tal grado lo sacarás del viejo estado. No importa si él sabe que tú lo hiciste o no; él no tiene por qué saberlo. Pero permanece fiel y lo sacarás del viejo estado hacia el nuevo estado que estás viendo. Todas las cosas se extinguen cuando dejamos de observarlas. Moisés pudo ver la tierra prometida pero no pudo entrar en ella. Si soy fiel a la semejanza de lo que observo, entonces yo – el hombre "antiguo" – no puedo entrar al nuevo estado. Algo llamado el poder entra en él, pero [nadie] lo reconoce, porque ellos no pueden reconocer al ser transformado.

Todos nosotros nos sentimos muy seguros en la recurrencia. Si sabemos que una cosa es fija y que la próxima semana las cosas seguirán como hoy, me siento seguro en esa recurrencia. Puedo haber hecho algo que viole los códigos morales, puedo haber llegado desde el lado equivocado de las vías, pero puedo aceptar eso, porque estoy acostumbrado a ello. Pero decir que algo se despierta en mí y que puedo llegar a ser lo que quiera – eso asusta al hombre. Así que se nos dice que despertemos del sueño, porque la recurrencia trae seguridad al vasto mundo entero. Uno hace lo que hace como si lo hiciera en una pesadilla. Pues Dios tuvo que "olvidar" que él era Dios para convertirse en hombre y esa reducción gradual a este nivel es el mismo límite de la contracción. Pero luego viene el despertar de ese sueño profundo en el cual se sumergió para darme vida. Por lo tanto, este poder de elevación se ocupa de liberar a los hombres, pues Dios se convirtió en cada hombre, de modo que cada hombre pudiera despertar con el tiempo como Dios. Finalmente el mundo entero despertará y el poema estará en plena floración y será noble más allá de nuestros sueños más locos. Y entonces existirá para nosotros y seremos uno con el creador del gran poema. Eso es el arte de morir.

El próximo domingo es el gran drama. Estoy montando a un animal y estoy en una encrucijada. "Traedme un pollino al que ningún hombre ha montado antes, que está amarrado en una carretera donde dos caminos se encuentran." Aquí tenemos al estado al que nunca antes he montado. Es tan poco natural sentir que soy el hombre que quiero ser y realmente pasar a ese estado y montarlo sin ser tirado por la razón, que me dice que estoy loco. Pero si sabes que el Señor es tu Imaginación, puedes montarlo a Jerusalén. Se nos dice que encontraremos al animal en una encrucijada donde dos caminos se encuentran. Siempre estamos en una encrucijada de lo que soy y lo que quiero ser. Así que, ¿puedo montar al animal que encontré en la encrucijada y llevarlo a Jerusalén? Entonces voy hacia el "cielo", pero no es continuo en mi línea de movimiento. Es contiguo. Está al lado de donde yo estoy, pues el cielo es un estado de conciencia. Trato de captar la sensación que sería mía si yo fuera el hombre que quiero ser, pero eso implica una muerte. Debo abandonarme a mi sueño como si fuera cierto, y – viviendo en él – lo levanto y lo hago realidad. Todos tenemos que pasar por este estado, porque esta es la única religión verdadera del mundo. La religión, como la caridad, empieza en casa, con uno mismo. La semilla madre de todas las creencias religiosas se encuentra en las experiencias místicas de la persona. Todas las ceremonias no son sino agregados secundarios superpuestos sobre ella.

Religión significa, "estar atado o dedicado a". Pero si yo no estoy enamorado de [eso] a lo que estoy atado, debo entregarme a algo más encantador y hacerlo real. Debo llevar mi cruz. Voy hasta cierto punto y luego quiero cruzar a la otra línea donde está mi cielo. Pues todo está interrelacionado. Todos nos interpenetramos los unos a los otros. Todos somos uno. Así que el mundo entero se interpenetra y entonces aparece el conflicto, y de eso viene la solución del conflicto. Pues tenemos que estar en conflicto si estamos todos interpenetrados. Pero luego debemos traer la reconciliación. Cualquiera que sea la solución, eso es la reconciliación. Pero no podemos permanecer en un estado o en alguna condición para siempre. Cada nuevo estado lleva en sí las semillas de un nuevo conflicto. Todo cielo se convierte con el tiempo en infierno. Una cosa es nuestra por un momento, pero a medida que continuamos en ella, traerá conflicto. Mientras haya interpenetración siempre habrá conflicto. Por tanto, vive en cualquier estado deseado y entonces, cuando surja el conflicto, resuélvelo y muere a él y luego muévete a otro estado. Así es como crecemos y nos superamos; así es como el hombre despierta.

Ningún hombre puede nacer en un entorno y luego realizar otro si no se entrega al estado deseado. Por tanto Blake tenía razón: "Lo mejor de la vida es la muerte, pero al hombre le toma tanto tiempo morir que sus amigos jamás le verán levantarse de la tumba." ¿Puedes ver entonces lo que pasa con tu amigo que siempre te dice las mismas cosas, incluso si no le has visto desde hace diez años? Todo se sigue repitiendo, nada es nuevo, pero eso le hace sentirse seguro. El hombre no quiere cambiar; le asusta.

Te digo que tu Imaginación es Dios. Créelo. Ejercítala. Yace con baja intensidad, pero conforme la levantas la intensificas y luego visión tras visión serán tuyas a medida que empiezas a despertar. No creas que eres codicioso porque estás exigiendo cosas o el cambio de las cosas. Estás aquí para crear como tu Padre crea. Quiere lo que quieres y entrégate a ello y créalo. Luego querrás cosas cada vez más grandiosas. Pero nada bendice a un hombre a menos que baje de su estado celestial y se encarne. Tú eres el único que puede vestirlo en la realidad. Pero permanece como un estado a menos que te entregues a ello.

Este drama de la Biblia es todo sobre ti, pues el Jesucristo de los evangelios es tu propia maravillosa Imaginación. Sólo hay un Dios infinito y la creación que él amaba. Y tanto la amaba, que quiso darle vida y luego compartirla e incluso cambiarla, así que Dios se hizo hombre para que el hombre pudiera convertirse en Dios. Esa es la gran historia de los evangelios. Cada místico en el mundo cuenta esta misma historia. Por tanto, cada hombre es libre. No hay juicio, porque no importa lo que el hombre haya hecho, es Dios haciéndolo en una pesadilla. Sólo hay completo perdón del pecado – nada de juicio ni objeción, sin embargo el hombre puede cambiar los hechos. El pasado se puede deshacer. De modo que un hombre ha hecho esto o aquello. Usa tu poderosa Imaginación y "haz girar la gran rueda hacia atrás hasta antes del incendio de Troya". Eso significa revisar.

Conozco a una señora que se quemó la mano y luego se la "desquemó". Se vertió agua hirviendo en la mano. Se tumbó en el sofá y trató de deshacer mentalmente lo que había hecho. Era difícil por el dolor, pero ella siguió intentándolo. Rehízo la escena y vertió el agua hirviendo sobre el té y lo preparó y luego se lo bebió. Lo hizo una y otra vez y, finalmente, en el acto de hacer de ese modo el té se quedó dormida. Cuando se despertó unas horas más tarde no había ni rastro de la quemadura. Ella escribió: "Se podría haber pensado que debería haber ido directamente al hospital, pero ahora no hay ni siquiera una señal de la quemadura."

Comentario: El pasado y el presente son uno en un momento mayor.

Ahora entremos en el silencio.

GUÍA PRÁCTICA

-

EJERCICIOS PRÁCTICOS

1. Ejercicio de Transición de Estados: Identifica un estado actual (como miedo o limitación) del cual deseas "morir" y visualiza un estado deseado. Siéntate en un lugar tranquilo, cierra los ojos y practica "subir" mentalmente al estado deseado, imaginando detalles sensoriales como olores, colores y emociones asociadas.

2. Revisión de la Noche: Cada noche, antes de dormir, repasa tu día como si ya hubieras vivido en el estado deseado. Cambia cualquier evento negativo en tu mente a una versión ideal, como Neville sugiere en el "arte de revisar".

3. Entrega Total al Deseo: Practica entregarte completamente al estado deseado. Esto implica sentir y actuar como si ya fuera real. Dedica 15 minutos al día a "habitar" en la emoción de tu estado realizado, dejando atrás las dudas o el apego al estado actual.

-

REFLEXIONES GUIADAS

1. ¿A qué estado emocional o mental te aferras actualmente que ya no sirve a tu bienestar o crecimiento?

2. ¿Qué creencias te impiden entregarte plenamente al estado que deseas habitar?

3. Reflexiona sobre un momento en tu vida donde "moriste" a una versión antigua de ti mismo y qué lecciones puedes aplicar ahora.

-

CONCEPTOS DE PSICOLOGÍA POSITIVA

1. Mindset de Transformación: El proceso de "morir" a un estado implica un crecimiento personal continuo, alineado con la teoría de Carol Dweck sobre el mindset de crecimiento. Este cambio de mentalidad te permite ver cada transición como una oportunidad para evolucionar.

2. Resiliencia en el Cambio: Practicar el "arte de morir" desarrolla resiliencia, ayudándote a ver cada final como un nuevo comienzo, una enseñanza central en la psicología positiva.

3. Poder de la Imaginación: Tal como Neville enseña, la imaginación puede ser vista como una forma avanzada de visualización guiada, una técnica ampliamente usada en psicología positiva para aumentar la autoconfianza y la realización personal.

-

CITAS DE TEXTOS ESPIRITUALES

1. Biblia - Juan 12:24: "Si el grano de trigo no cae en tierra y muere, queda solo; pero si muere, lleva mucho fruto." Esto simboliza la transformación necesaria para trascender a nuevos estados.

2. Bhagavad Gita 2:20: "El alma no nace ni muere; simplemente pasa a otra forma." Esto resuena con la idea de Neville sobre los estados eternos y la transición consciente entre ellos.

3. Romanos 6:4: "Fuimos, pues, sepultados con él en su muerte, para que, como Cristo resucitó, también nosotros andemos en vida nueva." Este versículo subraya la importancia de "morir" para renacer en un nuevo estado.

-

PERSPECTIVAS DE AUTORES RELACIONADOS

1. Joseph Campbell (El Héroe de las Mil Caras): Campbell describe el "viaje del héroe" como un proceso de muerte y renacimiento, similar al "arte de morir" de Neville, donde cada transformación nos acerca más a nuestro yo auténtico.

2. Eckhart Tolle (El Poder del Ahora): Tolle enfatiza la importancia de soltar el pasado y las identidades antiguas para vivir plenamente en el presente, complementando la idea de Neville sobre morir al viejo estado para abrazar el nuevo.

3. Napoleon Hill (Piense y Hágase Rico): Hill enseña que "quemar los barcos" o eliminar la opción de regresar al estado anterior es esencial para alcanzar el éxito, en línea con la entrega total que Neville recomienda para manifestar deseos.

EL PAN Y EL VINO

Neville Goddard
(25-09-1959)

Cuando decimos que el poder supremo que creó el universo es el mismo poder que reside en el hombre, la gente cuestiona esa declaración. Es posible que todos aquí tengan una Biblia, y al ir a la corte como testigo —digamos que eres llamado para jurar que dirás la verdad—, pones la mano sobre la Biblia, o la Palabra de Dios. Luego la abres y lees: "Todo cuanto oráis y pedís, creed que lo recibís, y será vuestro. Y cuando estéis en pie orando, si tenéis algo contra alguien, perdonad, para que también vuestro Padre celestial os perdone vuestras ofensas" (1 Marcos 11:24-25). Pones la mano sobre el Libro de la Verdad, y juras decir la verdad, y aquí tienes esta declaración en el mismo libro sobre el que juras, y no la crees. Es cierta, y se basa en la afirmación: "la Imaginación crea la realidad", y es que la Biblia está dirigida al hombre real, la Imaginación. "Porque el cuerpo Eterno del hombre es la Imaginación, esto es Dios mismo" (William Blake).

¿Existe algo que no puedas imaginar? Aun así, muchos no pueden creer que lo que dice el Libro es cierto. Admites que puedes imaginar algo; sin embargo, el hombre no cree que lo imaginado puede ser verdad. Pero te digo que si lo puedes imaginar, y persistes, tu persistencia vencerá y comprobarás la verdad de la declaración de Marcos 11, dada anteriormente. Sin embargo, eso es en este nivel del mundo. En la Biblia se le llama "el banquete del pan y el pescado", o "de los panes y los peces". Podemos provocar cualquier cambio que deseemos en nuestro mundo si imaginamos que lo tenemos y persistimos en ese estado, porque si persisto venceré. Pero hay otra dieta de la que se habla en la Biblia, y se llama la dieta "del pan y el vino".

Puedes ir y conseguir todas las cosas del mundo con el "pan y el pescado", y estás invitado a festejar con ella si así lo deseas, pero la otra dieta tiene un efecto sobre el hombre que apenas creería uno en mil millones.

Se nos dice que [los apóstoles] se desesperaron porque no podían creerlo. En cuanto a esta segunda dieta, se les dijo: "Si la comen y beben, háganlo en memoria de mí" (Lucas 22:19-20). ¿De quién? De aquel que es llamado Jesucristo en la Biblia, o el espíritu del perdón. Debes darte un banquete con ella, y nada tiene que ver con una copa de vino o una pequeña hostia. Es "el espíritu del perdón", "el lugar del perdón mutuo entre enemigos" (Efesios 4:32 y 1 Tesalonicenses 5:15-18), "la cuna del Cordero de Dios". Y por toda la eternidad yo te perdono y tú me perdonas, y como Él dijo: "Este es el pan y este es el vino" (Mateo 26:26-28). Entonces, si sé cómo comer ese pan y beber ese vino, estoy perdonando a toda persona en el mundo. Pero no lo puedo hacer, a menos que vea y entienda la diferencia entre un individuo y el estado que ese individuo está ocupando. Si condeno a un hombre, a una sociedad o una cosa, no estoy entendiendo que son solo estados, y estoy condenando al hombre, a la sociedad o ese algo. Únicamente cuando empiezo a distinguir entre el estado y el individuo puedo perdonar. Entonces tomo a la más horrible bestia en el mundo y la abrazo. Podría, en su estado actual, ser mi peor enemigo, pero, si sé que solo está en un estado, puedo tomarlo mentalmente, y abrazarlo, y separarlo de ese estado en el que ha caído para ponerlo en un estado noble, y eso es "el lugar del perdón mutuo entre enemigos", "la cuna del Cordero de Dios". Así que cuando el hombre come este pan y bebe este vino, puede tener cualquier cosa que exista, ya que solo hay Uno, porque, si lo reconocemos, se nos da la totalidad. Cualquier cosa que te dé un hombre, te da tanto lo que es mío como lo tuyo, porque todo se nos da a ti y a mí. Todo es nuestro. Somos Uno (Deuteronomio 6:4 y Marcos 12:29).

Obtén cosas si las deseas, pero hay algo que va mucho más allá de la simple obtención de cosas. Aun así, si quieres imaginar cosas, aquí están. No te niegues nada que desees, a no ser que tu ganancia represente la supuesta pérdida para otro. Esa no es la manera de hacerlo. No tomes de nadie. Crea lo que deseas solo en la Imaginación, y si persistes en ese estado, se probará a sí mismo, y vendrá a ti de una forma que no dañará a otro, porque "es mi Padre quien me lo da" (Juan 6:37). Solo hay Dios (Deuteronomio 6:4 y Marcos 12:29). Nada se pierde, porque "Todas las cosas, por una ley divina / se [reúnen y] funden en el ser de los demás" (Percy Bysshe Shelley). Así que no tengo que pedirle a nadie que interprete su papel para hacer que se cumpla lo que deseo en este mundo. Si estás relacionado con mi obra teatral, serás atraído hacia ella. Todo lo que debo hacer es comer del pan y del pescado.

Sin embargo, hay otra dieta: la del pan y el vino. Cuando conozco a alguien al que llamo "enemigo", debo saber que está en un estado, y debo distinguir entre el individuo y el estado en el que [ese individuo] ha caído. Porque realmente es Dios en ese estado. Únicamente existe Dios para interpretar todos los papeles. Así que puedo abrazar a ese ser al que llamo "enemigo" y hacer que vea en mí a su más solícito amigo, y entonces lo redimo. Ese es el vino y el pan, y si como del pan y bebo del vino, realmente daré a luz al Cordero de Dios. ¿Qué debo hacer para que esta experiencia ocurra? No tendrá lugar, a menos que el pan sea comido y el vino sea bebido, porque es el perdón incondicional de los pecados. No importa lo que la persona haya hecho en su vida, si puedes diferenciar entre el individuo y el estado dentro del cual ha caído, puedes abrazarlo, y entonces preparas el camino para el nacimiento del Cordero de Dios.

Si sientes que aún no puedes hacerla, entonces, prueba la otra dieta. Es maravillosa. Si deseas una mejor salud, un mejor empleo o un mundo más amplio, entonces, usa la imaginación para crearlo. Oyes, ves y tocas como si tu sueño fuera realidad. Persistes, y con esa persistencia vencerás. Si persistes en oír, ver [y tocar] lo que quieres manifestar, no puedes fracasar en hacerlo realidad. Es una dieta maravillosa, y todo el mundo está invitado a darse un banquete con ella. "Todo cuanto oráis y pedís, creed que lo recibís, y será vuestro". No necesitas a otro afuera, pero "si tenéis algo contra alguno, perdonadlo y vuestro Padre os perdonará". Algún monje devoto añadió la última parte, que ahora está suprimida de la versión más reciente y precisa de la Biblia: "pero si no perdonáis a los hombres, tampoco vuestro Padre perdonará vuestras ofensas". Ese no fue el texto original. No hay retaliación, no hay castigo "justo". Todo depende de nosotros. Estamos caminando por este fuego que llamamos Tierra, pero si el hombre entiende que estos son estados, entenderá que el espíritu está caminando [como] Dios, caminando como el Hijo de Dios. Por lo tanto, es a Dios a quien abrazamos, pero el hombre no puede creerlo y le rinde adoración a un Dios distinto y desconocido. Todo aquel que camina sobre la faz de la Tierra es Dios, pero hay innumerables estados creados con un propósito, y podemos usar nuestras mentes para sacar a cualquiera de un estado desafortunado.

Ustedes recordarán la reciente discusión sobre unos delincuentes juveniles. Se decía que todos ellos podrían ir a la cárcel. El juez no sabe que pudo hacer algo al respecto, en vez de acorralarlos y convertirlos en una carga para los contribuyentes. Si el juez solo supiera que el ser ante él ocupa un estado, ¡que puede crear un nuevo estado y colocar al ser allí, y dejar que sea alguien noble y maravilloso en la sociedad! Pero no podemos ver eso, así que seguimos condenando al individuo como si fuera el estado. Nadie puede participar del banquete del pan y del vino hasta que pueda entender eso, para poder alcanzar el lugar del perdón mutuo entre enemigos, la cuna del Cordero de Dios. "Así habló el misericordioso Hijo de los Cielos a aquellos cuya Puerta Occidental estaba abierta, pero la humanidad dormida no lo escuchó, y se adormeció". Solo aquellos cuya Puerta Occidental estaba abierta lo escucharon. Y esos avanzan para crear nuevos estados para otros, y así se salvan a sí mismos, porque el hombre es salvado única y exclusivamente cuando salva a su prójimo. Al final, la Puerta Occidental se abre en cada uno, y entonces el Cordero de Dios nace.

Un buen amigo católico me preguntó:

—¿Qué hay que hacer para tener esta experiencia?

Y le respondí:

—Bebe el vino y come el pan.

Él no entendió, porque comulga todos los domingos. Le dije:

—¿Has experimentado algo? ¿Ha habido una expansión en tu consciencia? Has recibido la comunión durante muchos años.

Pero ese no es el pan o el vino al que yo me refiero. El vino es el eterno perdón mutuo de toda enemistad, tal como el amado Salvador dijo. Si no puedo abrazar a un ser y sentirme emocionado por su buena fortuna, no he tomado el vino ni comido el pan. Pero si lo hago dentro, y no tomando ni bebiendo nada en forma tangible, entonces he participado del verdadero pan y el verdadero vino, y tenemos aulas dentro de aulas. No importa quién seas o cuándo naciste; no tiene nada que ver con el despertar de Dios en los hombres. ¿Quiénes son las personas "correctas"? Todos son Dios.

Ayer me hicieron una llamada de larga distancia desde Nueva York. La dama que me llamó es muy rica en cuanto a diamantes y dinero. No le alcanzan los dedos para todos sus diamantes. Tiene todo lo que desea, excepto una cosa: quiere estar felizmente casada con alguien en la lista de la élite que tenga más dinero que ella y que sea al menos veinte años más joven que ella. Esta dama tiene setenta y cinco años, pero quiere más dinero y diamantes más grandes. Me dijo:

—Mira lo que he hecho por mi hijo con el uso de la ley. Ahora puede mandar a sus cuatro niñas a una escuela privada. Persistí y logré esto para él. Pero parece que no puedo manifestar una situación para mí.

Y le respondí:

—Cualquier cosa que puedas imaginar la puedes crear. Pero piensas que el mercado es limitado, porque hay muy pocos en la lista de acaudalados o en tu círculo social. Todo el que camina sobre la Tierra es Dios, y no hay un mayor origen que ese. Las personas solo se encuentran en estados, y si las sacas del estado donde están, no debes, en absoluto, preocuparte por ellas: el mismo ser, pero otro estado. No estás diferenciando entre el ser y el estado. Usaste la misma ley para colocar a tu hijo donde está ahora. Puedes lograr tu sueño de casarte con alguien más rico y más joven que tú, si ese es tu concepto.

No es mi concepto. No juzgamos a nadie, porque cuando despiertas no te fijas en el estado. Solo ves al individuo que ha caído dentro del estado, y cuando ves eso, no conoces a nadie a quien no puedas abrazar y sacar de un estado desafortunado para ponerlo en otro estado. Luego podemos entremezclarnos como un solo ser.

Bien, él puede regresar al viejo estado, como la esposa de Lot. "¿Cuántas veces debo hacerlo, Señor?" "Setenta veces siete". Así es como debe ser. Si tu hijo se cayera por las escaleras, ¿no lo recogerías setenta veces siete? Dios está interpretando todos los papeles. Hay innumerables escuelas que enseñan que sufres porque hiciste algo en una vida anterior; "debes hacer esto o aquello". No vas a despertar sentándote en la cumbre de una montaña, ni con dietas, ni por unirte a algún "ismo". Solo puedes despertar al comer el pan y beber el vino, porque eso es el perdón mutuo de los enemigos, y ese lugar es la cuna del Cordero de Dios. No le dices a otro: "Te perdono". Eso no significa nada, sino que lo traes ante el ojo de tu mente y lo abrazas. Estás en un estado que parece opuesto, pero cuando sientes ese tacto, estás abriendo la Puerta Occidental, porque la Puerta Occidental es el tacto. La Puerta del Sur es la vista. La Puerta Oriental es el olor. El mundo entero permanece dormido porque tiene cerrada la Puerta Occidental. Y entonces comes de este pan. Tocas al que abrazas. Abraza mentalmente al mismo que te cortaría la cabeza, y, así, la Puerta Occidental se abre en ti, y así comes este pan y bebes de este vino, y luego preparas [el camino para el nacimiento del Cordero de Dios]. No es uniéndote a ninguna iglesia ortodoxa ni haciendo ninguna dieta. Puedes sentarte en el Himalaya hasta congelarte y no sirve de nada. Pero caminas por el mercado y te mezclas con Dios (que es el hombre) y entonces tienes todos los días innumerables oportunidades de comer este pan y beber este vino.

Distingue entre el individuo y el estado en que está. [Nota del transcriptor: aquí Neville relata la historia antes referida de la niña incorregible en una escuela de Nueva York que fue redimida por el sabio uso de la imaginación por parte de su maestra, que la vio en un estado completamente nuevo y más hermoso, con el correspondiente resultado. La niña no estaba marcada; se trataba de un estado]. Nunca has sido imperfecto. ¿Dices "Hitler", "Stalin"? Los estados eran terribles, pero el individuo nunca ha sido tocado. No damos a luz al Cordero de Dios a través de la condena. Debemos alcanzar el lugar del perdón mutuo de los enemigos, la cuna del Cordero de Dios. Entonces todo comienza a desplegarse, y sabrás y entenderás que todo lo que se dice en la Biblia está siendo dicho sobre ti. Solo hay el Hijo unigénito, y Dios está engendrando a ese Hijo incesantemente de ti y de mí para siempre. Si quieres que el Hijo nazca en ti, debes poner en práctica beber el vino, o, si lo deseas, comer del pan y del pescado. Trae ante el ojo de la mente tu mundo como quieres que sea. Escucha, toca, ve y siente cómo sería si tu deseo fuera realidad, y cambiarás tu mundo en armonía con esa imagen. Puedes hacerlo conforme a tu imagen, pero más allá de eso, hay mundos dentro de mundos. Este universo, que parece tan vasto —un millón de años luz de diámetro—, es apenas la piel de un mundo mayor, pues hay infinitos mundos dentro de otros mundos. De manera que Dios me creó y me iluminó, por consiguiente, precedí la creación. Pues, antes de que el mundo fuese, Yo Soy. Empiezo entonces a recordar quién soy, y yo soy Él, porque Dios y el hombre son uno. Despertamos a medida que tomamos el vino y comemos el pan. Puedes practicarlo durante todo el día. No tienes que salir de donde estás, ni ir a algún sitio [especial] para hacerlo. Puedes hacerlo en un bar. No tiene nada que ver con virtudes morales. Solo existen estados.

Entonces, entenderás las palabras de Pablo: "Ya no bebas agua, sino usa un poco de vino por causa de tu estómago" (1 Timoteo 5:23). "Agua" es la verdad psicológica. Deja de absorberla y empieza a poner en práctica lo que sabes, y eso es convertir el agua en vino. Ese es el primer gran milagro en la Biblia. No más lectura sin práctica. Puedo absorber el agua, pero ahora debo tomar un poco de vino: poner en práctica lo que he oído para transformar tu mundo; eso es la vida.

El capítulo 11 de Marcos es cierto: "Todo cuanto oráis y pedís, creed que lo recibís, y será vuestro. Y cuando estéis en pie orando, si tenéis algo contra alguien, perdonad, para que también vuestro Padre celestial os perdone vuestras ofensas".

Pero no puedes perdonar hasta que diferencies el estado del individuo que ocupa tal estado. Creas para él ese otro estado, donde es tu amigo, lo sacas de su anterior estado y lo abrazas. Eso es la apertura de la Puerta Occidental —entonces algo sucede dentro de ti—. Así que, ¿quién habla esto? "El misericordioso Hijo de los Cielos a aquellos cuya Puerta Occidental estaba abierta, pero la humanidad dormida no lo escuchó y se durmió". Puedo hablar y es posible que no me escuches. Esta dieta quizá no sea atractiva para ti. Es solo un estado en el cual estás ahora, porque aún eres Dios, pase lo que pase, y aún eres inmaculado. Pero todos despertarán, ya que Dios interpreta todos los papeles. Por lo tanto, "el desastre más allá de la redención" es imposible. No permitas que nadie te diga que eres mejor que otro. Puedes estar en un estado extraordinario con respecto al otro, pero eso es todo. El bien y el mal pertenecen al árbol del conocimiento. Crecemos a un mundo más amplio en la medida que despertamos. Ingresarás a un nuevo mundo que es tan real como este, y detrás de ti, en este mundo, descubrirás que has dejado un pequeño ropaje: tu cuerpo. Todas las cosas existen en la Imaginación, y ésta es una con la Imaginación suprema, que crea y sostiene el universo.

Haz la dieta que desees. Si no estás aún interesado en abrazar a alguien que consideras tu adversario, y todo lo que quieres es transcender tu nivel actual, entonces, vive en el estado que prueba que lo has logrado. Puede que nunca, después de que pase, le des crédito a tu maravillosa Imaginación, pues sucede con tanta naturalidad que pensarás que de cualquier manera hubiera sucedido. Puedes no tener en cuenta que tu imaginación lo hizo, pero llegará el día en que desearás transcender los simples objetos, y desearás aquello que no tiene valor terrenal.

Verás a aquellos con grandes posesiones y sabrás que están solo a momentos de la tumba, pero hasta el último segundo antes de que parpadeen únicamente son conscientes de sus posesiones. Aun así, está bien, porque ellos, con el tiempo, también despertarán, aunque ni siquiera noten que hay alguien despierto caminando entre ellos. En el mundo más allá de los mundos tú estás completamente despierto y no eres conocido por las posesiones, porque posees el mundo, pues allí sabes que tú y tu Padre sois uno, y Él crea todo de la nada. Cualquier cosa que desees crear, la creas, y no necesitas átomos para hacerlo, ya que los creas con tu imaginación eternamente.

Pero esta noche trae a un amigo (o puede ser a un adversario) ante el ojo de tu mente y concíbelo como si estuviera en un estado más libre o superior, y entonces sé fiel a tu estructura mental. Luego, de una manera que nadie conoce, ese estado se hará realidad en tu mundo, se cristalizará y llegará a ser un hecho.

Ahora entremos en el silencio.

GUÍA PRÁCTICA

-

EJERCICIOS PRÁCTICOS

1. Visualización del Perdón: Imagina a una persona con quien tengas algún conflicto. Visualiza una escena donde ambos están en armonía y siente la alegría de esa reconciliación. Hazlo diariamente hasta que sientas un cambio interno.

2. Transformación de Estados: Elige a alguien que esté atravesando una situación difícil. En tu mente, imagina que ya ha superado ese problema. Mantén esa visión clara y consistente hasta que se manifieste un cambio positivo.

3. Práctica del Pan y el Pescado: Usa la imaginación para visualizar un deseo personal como si ya fuera realidad. Integra todos los sentidos y persiste en esta práctica, experimentando el logro en tu mente hasta que se materialice.

-

REFLEXIONES GUIADAS

1. ¿Cómo diferenciarías entre una persona y el estado que ocupa? ¿Qué emociones te impiden separar al individuo de su circunstancia?

2. Reflexiona sobre una situación en la que juzgaste a alguien. ¿Qué podrías haber hecho diferente si hubieras abrazado su humanidad más allá de su estado?

3. ¿Qué estados internos necesitas "redimir" para vivir en una mayor conexión con los principios del pan y el vino?

-

CONCEPTOS DE PSICOLOGÍA POSITIVA

1. Compasión Activa: Practicar el perdón desde la compasión reduce el estrés y mejora las relaciones interpersonales, alineándose con el concepto de Neville sobre el pan y el vino como reconciliación.

2. Visualización Creativa: Usada como herramienta para lograr metas, la visualización creativa fomenta un enfoque optimista y proactivo hacia los desafíos, similar al pan y el pescado en las enseñanzas de Neville.

3. Empatía Cognitiva: Aprender a ponerse en el lugar del otro y ver más allá de sus circunstancias fomenta el perdón y la conexión humana, reflejando la esencia del "perdón mutuo entre enemigos."

-

CITAS DE TEXTOS ESPIRITUALES

1. Biblia - Mateo 26:26-28: "Tomad, comed; esto es mi cuerpo... Bebed de ella todos, porque esto es mi sangre del nuevo pacto." Esta referencia al pan y el vino enfatiza el perdón y la reconciliación.

2. Bhagavad Gita 18:66: "Abandona todas las formas de religión y entrégate solo a mí. Yo te liberaré de todos los pecados; no temas." Resalta la importancia de la rendición total y la fe.

3. Lucas 6:37: "No juzguéis, y no seréis juzgados; no condenéis, y no seréis condenados; perdonad, y seréis perdonados." Subraya el poder transformador del perdón.

\-

PERSPECTIVAS DE AUTORES RELACIONADOS

1. Martin Luther King Jr.: King habló sobre el poder del amor y el perdón para superar el odio, reflejando el concepto de Neville sobre abrazar al "enemigo" y redimirlo.

2. Eckhart Tolle (El Poder del Ahora): Tolle enfatiza la necesidad de soltar el resentimiento y vivir en el presente, un principio alineado con el perdón radical de Neville.

3. Louise Hay (Tú Puedes Sanar Tu Vida): Louise promueve la visualización y afirmaciones positivas como herramientas para sanar y transformar, similares al uso del pan y el pescado para manifestar deseos.

LOS SIETE OJOS DE DIOS

Neville Goddard
(11-06-1959)

Debemos pasar a niveles cada vez más altos, porque ese es el propósito del maestro. Me gustaría ver esta noche lo que es para mi mente el libro más grandioso del mundo, la Biblia, y mostrarles una sección con la que quizás no estén familiarizados. Se refiere a los Siete Ojos de Dios, de las visiones de Zacarías. Vio una piedra con siete facetas, y la Voz dijo, que estos son en realidad los siete ojos de Dios que se extienden por todo el mundo. Porque estos siete ojos están realmente en el hombre, porque el hombre es la tierra de Dios. Así que olvídese de este pequeño planeta y sepa que el hombre es la verdadera tierra en la que Dios está plantado. Estas son las siete visiones de Dios, siete visiones del Creador cada vez más clarificadoras. La Biblia las nombra, pero debes buscarlas.

El primero aparece solo una vez en la Biblia en Isaías 14. . . Lucifer, la estrella de la mañana. Y cuenta cómo ha caído y ha sido cortado hasta el suelo. . . este ser brillante. Todas las razas han enseñado que el hombre ha caído. No es algo que pertenezca a las religiones cristianas o judías, sino que todas las razas han tenido este concepto. Entonces, el primer Ojo de Dios es Lucifer. . . cortado al suelo.

El segundo es Moloch, el extraño dios que exige sacrificios (Jeremías 32). El hombre ofrece a sus hijos e hijas para apaciguar a este ser que concibe como Dios. Pero la Voz dijo: "No se lo mandé, ni me vino a la mente, que debían hacer esta abominación para hacer pecar a Judá". Este Ojo está en todo hombre que piensa que ha enfurecido a Dios y debe hacer sacrificios para apaciguarlo. Todas las guerras del mundo son un apaciguamiento. La Inquisición con sus torturas fue un apaciguamiento a Dios. Las cestas de mimbre en las que se quemaba vivos a los hombres eran un apaciguamiento. Lo hicieron todo para apaciguar a Dios para que no se enojara.

El tercer ojo es Elohim, o dioses, dioses por encima y fuera del hombre. Los elementos que adoraba, las estrellas y los planetas que cree que pueden regular su vida e influir en su comportamiento. Se vuelve hacia algo fuera de sí mismo y le falla y él grita que está abandonado.

El cuarto es Shaddai. . . todopoderoso. En este ojo, el hombre busca seguridad y consuelo. Estos son los gobiernos, las poderosas maquinarias políticas, los gobernantes en quienes el hombre confía, y todo esto también le falla.

Y luego se vuelve hacia el quinto ojo de Pahath, que significa "cavar una zanja o atrapar animales, cavar un pozo". No se refiere a los animales del bosque; no, es al hombre al que traigo a mi pequeña trampa. Gran parte del mundo funciona así hoy en día, en todas partes y en todos los negocios, especialmente en las grandes campañas publicitarias. Estas personas gobiernan como tiranos sobre nosotros. Cada periódico, cada revista, cada comercial de televisión tiene otro método para atraparnos para que compremos todas estas cosas, tantas cosas que nunca las pagamos antes de tener otras más.

Y luego el sexto ojo es Jehová. . . Yod He Vau He. . . o YO SOY. El hombre finalmente sale del proceso de atrapar. Ahora no tiene que atrapar a nadie en el mundo, sino solo afirmarse audazmente. La persuasión interior audaz creará la condición de la que YO SOY persuadido. Eso es Jehová, el sexto ojo.

El séptimo es Jesús, o "Jehová salva" o "rescate". Donde el hombre se afirma audazmente pero su corazón se desgarra por los que aún duermen, se sacrifica por los demás y se entrega por todo el mundo vasto. No como lo enseñan las iglesias, sino como te lo dice el místico. Aceptarás a cualquiera, sin importar quién sea o qué haya hecho, porque solo está en un estado. No condenas a nadie, sino que lo sacas del estado, y lo haces identificando al que quieres salvar con la idea que quiere encarnar, y en la medida en que seas fiel a tu visión de esa persona, él encarnará su ideal y se convertirá en él. Ese es el ojo llamado Jesús, o el séptimo ojo.

Hay un octavo ojo, solo implícito en la Biblia y está velado. Al octavo día circuncidan al niño y desvelan el órgano de la creación. Hay un ojo en el hombre y Blake lo nombra. Él dice: "Él no vino. Se escondió en el bosque de Albion". Albion es el nombre que Blake le da al hombre universal, hombre o mujer. Este ojo está escondido en el "bosque de Albion". . . en las oscuras circunvoluciones del cerebro. Allí se esconde este ojo. Cuando finalmente comienzas a ejercitar tu imaginación por el otro y realmente te deleitas en la alegría de los demás a medida que se convierten en la encarnación de lo que desean, y te deleitas en eso mucho más allá de lo que lo harías por ti mismo, ese es el ojo de Jesús. Lo que comienza a ser la visión perfecta del séptimo ojo de Dios, entonces algo se agita, y se agita exactamente como algo que intenta salir de un huevo. Es algo que intenta atravesar el Gólgota. . . y Gólgota es "el cráneo", ese es el significado de la palabra. Pero está sostenido por cinco clavos, los cinco sentidos. Los cinco sentidos confinan al hombre a este mundo, y luego se libera de este cráneo a medida que se aclara el séptimo ojo; y el octavo ojo ve la realidad concreta por primera vez en su vida, y luego, una vez que ve con claridad, nunca culpa a nadie. Porque con este octavo ojo, ve el mundo perfecto. Esto se llama circuncisión o la revelación del órgano perfecto, que es la Imaginación del hombre. Al octavo día es circuncidado. Significa que el octavo ojo está abierto. No se abre por el proceso del tiempo, sino solo después de la clarificación del séptimo ojo de Jesús. Entonces ves que Dios se hizo hombre, que el hombre, al despertar, puede convertirse en Dios. Dios se contrae a este mismo límite de opacidad, de modo que vivir en este estado puede llamarse la tumba misma del hombre, y "Dios entra por la puerta de la muerte con los que entran, y se acuesta en la tumba con ellos, en visiones de la Eternidad hasta que despiertan". (Blake) Y luego están estas siete visiones.

Primero. Lucifer, el caído.

Segundo. Moloch, el ser que exige sacrificios. Lo están haciendo ahora mismo, solo que lo llaman Nacionalismo, y ofrecen a sus hijos e hijas a Moloch, aunque la Voz dijo: "No les ordeno que hagan esto y hagan que Judá caiga en pecado". El hombre se cansa y se vuelve al tercer ojo o Elohim, pero las estrellas, los planetas, no responden.

Luego se vuelve al cuarto ojo o Shaddai. Todopoderoso, a los "dioses" financieros y políticos.

Y luego se separa de eso y cava su pequeño pozo, Pahath, y atrapa a toda la gente del mundo porque puede burlarlos, y gracias a su inteligencia vive muy bien durante este pequeño lapso desde la cuna hasta la tumba, y ese es el quinto ojo a través del cual gran parte del mundo ve hoy.

Se cansa de eso, y luego descubre que YO SOY. o Jehová, es la única realidad, o el sexto ojo de Dios. Y construyo mi mundo, como lo quiero y cuando me canso de él, me ofrezco como sacrificio por todos los demás y me entrego por completo por el bien de los demás, y mi buena fortuna se convierte entonces en la alegría de escuchar su buena fortuna. Como dice en Job 42: 5 "Oí de oídas de mi oído, pero ahora mi ojo te ve". De repente, algo sucede dentro de mí, y se abre el octavo ojo y soy circuncidado, en la mente, no en la carne, y cuando algo se abre dentro de ti, ves la razón de todo, y ves que la Eternidad existe, y puedes tomar a cualquiera en este mundo y sacarlo de cualquier estado del mundo. Ese es el octavo ojo de Dios.

Quiero compartir contigo una experiencia. El verdadero método de conocimiento es a través del experimento. Por eso te invitamos a experimentar. La verdadera facultad de conocer es la facultad de experimentar. Porque, una vez que hayas tenido las experiencias, ya no te importa si alguien más lo sabe o no. No importa. Lo sabes, y sabes que lo sabes. Así que me gustaría compartir esto contigo, esta experiencia, porque cuando comienzas a despertar, entonces comienzas a recordar. Porque si Cristo es el centro, entonces puedo decir: "Devuélveme la gloria que era mía antes de que el mundo fuera. YO SOY crucificado con Cristo, sin embargo vivo, pero no yo, sino que Cristo vive en mí, y la vida que ahora vivo la vivo por la fe del hijo de Dios que me amó y se entregó a sí mismo por mí". Si el centro del hombre es Cristo, y Él existía antes de que el mundo fuera, entonces cuando comienzo a despertar, solo comienzo a recordar. Y cuando eso sucede, entonces el mundo ya no puede enseñarte nada. Entonces, cuando el hombre comienza a despertar, no cuestiona las cosas de este mundo; él sabe que no son verdad. Los psicólogos nos dicen que una comprensión completa de un sueño depende del conocimiento de que estás soñando, y luego eso te despierta, porque este es el único mundo que conocen. Hablan de un estado onírico como algo subjetivo y un estado de sueño profundo como el inconsciente y dudan del valor de todo. Pero cuando abras el octavo ojo, sabrás que hay mundos dentro de mundos y eres heredero de todos ellos. Puedes probar tus experiencias y traer cualquier cosa que quieras a tu mundo y demostrarlo.

Hace años me sentí soñando y estaba nadando. Sabía que era un sueño. Miré hacia arriba y vi la costa de una isla primitiva, no la pequeña isla donde nací, porque está bien cultivada y no es primitiva en absoluto, pero esta sí lo era. Vi que era una isla y supe que estaba soñando, y vi estas cosas extrañas como postes de cemento clavados en el agua pero estaban en estado de descomposición. Podrían haber sido alguna vez parte de un embarcadero. Pude ver esta peculiar playa primitiva y prolongué el sueño, porque si sabes que estás soñando no necesitas despertar. Algo en mi interior comenzó a decirme, a medida que la memoria regresaba, que si agarraba uno de esos pilotes y no lo soltara, y despertara, despertaría allí. Lo sentí y era sólidamente real, tal como se sentiría aquí, y mi mano no lo atravesó, lo sostuve y me obligué a despertar; y desperté en esa agua en esa playa y luego caminé hacia la orilla. No estaba más dormido en esa esfera que aquí en esta.

Me enseñó una lección que si podía tocar algo en otro mundo y obligarme a despertar mientras lo sostenía, descubriría que era real. Así que hazlo por tu mundo. Un trabajo que deseas, la casa que ocuparías, el matrimonio que deseas. Siéntate en el escritorio en el que te gustaría sentarte, vive en la casa en la que quieres vivir, cásate con el tipo de persona con la que quieres estar casado, y si lo mantienes en tu imaginación, entonces lo harás realidad en tu mundo exterior. Los antiguos llamaban a esta capacidad la Puerta Occidental y la vinculaban con el sentido del tacto. Si puedes aferrarte a la cosa que tocas y luego despertar, encontrarás que la cosa se ha vuelto real. Lo tenemos en Génesis en la historia de Jacob y Esaú. Isaac, el padre, que estaba ciego, dijo: "Acércate para que te pueda tocar. Acércate más." Y el estado simbolizado por Jacob, el suplantador, se hizo real en lugar del estado que había parecido tan real antes, simbolizado por Esaú.

Se nos vuelve a contar en Jueces 17:19 cómo los siete mechones fueron rapados de la cabeza de Sansón y luego vinieron los filisteos, le sacaron los ojos y quedó ciego en Gaza. Y lo hicieron bailar ante la multitud. Pidió que lo llevaran al templo y lo colocaran donde pudiera tocar los dos pilares del medio, luego presionó, empujó y derribó todo y mató a más filisteos de los que jamás había matado en su vida. Todo esto simboliza la capacidad de tocar. Lo sé, porque lo he hecho. Muchas veces, soñando, me he aferrado a un objeto en el sueño y me he encontrado despertando en otro mundo. También me he encontrado en otros aspectos de este mundo. Lo hice en Barbados cuando quise que me viera mi hermana que estaba a 2000 millas de distancia. Pero ya sea en este pequeño aspecto o en otro mundo, no importa, porque hay infinitos mundos y tú eres heredero de todos ellos.

Puedes conseguir todo lo que quieras en este mundo. Puedes usar el quinto ojo o el cuarto ojo. Todos los que nos llevan a la batalla están usando el segundo y el tercero. Pocos usan el sexto y solo una ínfima parte usa el séptimo ojo o el ojo de Jesús, y no es hasta que se usa y prefieres el bien del otro a tu propio bien, y te alegras por otro más que por ti mismo, que realmente has abierto el séptimo ojo y luego estás listo para la apertura del octavo ojo.

El séptimo ojo, el ojo de Jesús, no tiene nada que ver con un hombre nacido hace 2000 años; tiene todo que ver con la mente en expansión del hombre. Cuando ejercitas el séptimo, entonces algo se abre. Es el octavo. Pero hasta que el séptimo esté completamente abierto, "se esconde en el bosque de Albion". Se esconde en las oscuras circunvoluciones del cerebro. Puede asustarte un poco al principio, la sensación de una batería eléctrica moviéndose en tu cabeza. Sientes que la memoria regresa y la sientes de un lado y luego del otro, luego la centras y luego VES. Algo se abre y realmente ves un mundo que nadie más puede ver. El séptimo ojo se basa puramente en la fe. El hombre no sabe si Dios realmente lo redimirá y grita: "¿Dios mío, por qué me has desamparado?" Y entonces se verá el nuevo mundo.

El hombre busca seguridad y comodidad a través del cuarto ojo. Estos son los dictadores, las maquinarias políticas, etc. Siempre van a salvar al país, salvar al mundo, y luego los expulsan. . . pero se llevan quinientos millones de dólares con ellos. Lo hemos visto en este hemisferio. . . los mismos que empobrecen el tesoro que los hombres acababan de llamar los salvadores de su país.

No han alcanzado el sexto ojo, o YO SOY. El que ha llegado a eso no recurre a nadie. Él sabe: "YO SOY el que seré, YO SOY lo que YO SOY". Puedes ser eso o cualquier cosa que quieras. Pero luego vas más allá y no quieres nada para ti, sino solo para los demás. Entonces empieza a entregarse por el hombre y luego, cuando eso se aclara por completo, se abre el octavo ojo.

Busca en tu Biblia y lee la historia del desvelamiento de la mente del hombre. Pero solo llega después de que se ejercite el séptimo ojo. Entonces debo aprender a experimentar sentir y tocar. Eso se llama la Puerta Occidental, y está cerrada en el hombre, pero debe aprender sobre ella, y antes de cerrar este ojo debe aprender mucho sobre la Puerta Occidental, porque me dijeron que no ocultara ningún secreto, y habiendo tenido la experiencia de aferrarme a un objeto y despertarme en absoluto en mi cama, debo compartirlo contigo. Desperté en el mundo donde sostengo el objeto. He sido excluido muchas veces de este mundo al aferrarme a un objeto en ese mundo y despertar en él, y era tan real como esto, pero volví a esto. Tenía un cuerpo aquí y otro allá. Cuando regresé aquí, ¿dónde estaba ese otro cuerpo? ¿No tengo muchos cuerpos, porque estoy esparcido por todo el mundo? Y el hombre, cuando comienza a despertar, recoge las partes dispersas de sí mismo, y luego finalmente encuentra al ser que es Dios. Puedes amar a todos en este mundo y encontrarás una alegría más allá de tus sueños más locos al hacer el bien a los demás; cuando él te pida y tú, en tu Imaginación crees, y luego tienes confirmación de ello, y luego te regocijas como se regocija Dios. "Estas cosas os he hablado para que mi gozo permanezca en vosotros". Porque cada vez que alguien despierta, ese es el ojo de Dios.

Entonces, hay siete establecidos con bastante claridad y el octavo implícito. Te digo que lo sentirás como un polluelo en el huevo del cráneo. Cristo está crucificado en esta cruz (hombre) con cinco clavos. . . los cinco sentidos. El mismo significado tiene la historia de las cinco vírgenes necias. Y luego se libera de esta cruz.

Ahora lo captas al vuelo, pero te digo que descubrirás todo tipo de cosas maravillosas en el despertar de Dios en el hombre. Porque Dios se hizo hombre para que el hombre se haga Dios. Entonces, este maravilloso poema que existía solo para Dios está comenzando a existir por sí mismo. Los seres sensibles comienzan a aparecer en el poema, elevándolo a estados superiores y finalmente nos convertimos en creadores, uno de una sociedad infinita de dioses.

Este octavo ojo es malinterpretado por los sacerdocios del mundo y circuncidan al niño. Es la Imaginación la que hay que desvelar, no el órgano físico, y solo llega después de la perfecta claridad de visión a través del ojo de Jesús. Jesús significa "Jehová salva". Ninguno está perdido. Ha caído en un estado, pero tú, a través del ojo de Jesús, lo salvas. Le preguntas: "¿Qué quieres?" y ve esa condición real para él, y luego, al ver que se encarna, te regocijas de que alguien haya sido sacado del fango. Lo haces una y otra vez, y luego tu cabeza se llena de vida y sientes corrientes eléctricas a través de ella, y sin embargo, sabrás lo que debes hacer, tal como un polluelo sabe qué hacer. Se abre camino a picotazos. Y luego el lugar donde el cráneo creció junto después del nacimiento se despierta de nuevo, y ves otro mundo, y ves que el mundo fue creado perfectamente y que cada estado es perfecto, y entonces sabrás que estás despierto para jugar bellamente en este mundo eterno, para sacar a la luz estas hermosas combinaciones hechas por tu Padre.

Si la charla de esta noche parece diferente de lo que esperabas, entonces nada es más práctico que el sexto ojo. Puedes hacer de tu mundo lo que quieras ser por el sexto ojo; de hecho, el quinto lo ha logrado. Puedes atrapar a todo tipo de personas en tus pequeñas trampas. Lee los periódicos de la mañana. Cada anuncio es para atraparnos para que vaciemos nuestros bolsillos, y estarán encantados de poder hacerlo. Cada año encontramos nuevas trampas para conseguir lo que tenemos. Tenemos nuevas formas de crédito. Ya nadie muere dejando nada atrás. Todo el vasto asunto es una trampa. Se ha convertido en la forma de vida, el quinto ojo.

Pero luego vienen el sexto, el séptimo y luego el octavo; y cuando el octavo se abre, perdonas a todos en el mundo, sin importar lo que hayan hecho. Tú, como hombre, has pasado por todos los ojos. Has adorado a Elohim y sacrificado a Moloch.

Pero cuando se abra el octavo, sabrás que nada desagrada a tu Padre sino la incredulidad. El pecado no le desagrada. Los sacerdocios del mundo te dicen que el pecado le desagrada, pero solo la incredulidad le desagrada, porque los que vienen a él deben creer en él. Cualquier cosa que puedas creer es una imagen de la verdad. ¿Podrías creer que alguien en extrema necesidad ahora está bien cuidado? Entonces él puede convertirse en lo que tú lo ves. Pero el pecado no desagrada a tu Padre. Significa "errar el blanco", y Él viene al mundo para mostrarles a todos cómo no errar el blanco. Si yo erro el blanco, Él se esfuerza más por mostrarme cómo no errar los blancos.

Hebreos 11. . . "Los que vienen a Él deben creer que Él es, y que Él es el recompensador de los que le buscan..." Así que búscalo primero y luego se añadirán todas estas cosas. Entonces, hay estos ocho ojos en el hombre. El octavo se esconde en el bosque de Albion, o en las oscuras circunvoluciones del cerebro. La respiración no lo sacará, ni las dietas, ni los ejercicios de yoga lo harán. Solo saldrá cuando, al mirar a través del séptimo ojo, que es la visión de Jesús, solo veas el bien del otro y te glories en eso más allá de lo que es solo para ti. Entonces comenzarás a ver a través del octavo ojo de Dios.

Usa el séptimo ojo conscientemente y toma a cada persona sin importar color, raza o credo y pregúntale solo "¿Qué quieres?" Porque en Él no hay griego ni judío, ni esclavo ni libre. Entonces tomas a todos, porque solo ha caído en un estado y tú seleccionas la petición de ese individuo y te persuades de que ahora es la encarnación del ideal que quiere encarnar y en la medida en que uses el séptimo ojo, el octavo saldrá del "bosque de Albion". La apertura del octavo ojo es en realidad la segunda venida de Jesús. Porque cuando el séptimo se vuelve perfectamente claro, entonces el octavo se abrirá, como si fuera liberado de la tumba, y luego verás como Dios.

Uno no puede nacer cristiano. Si no estás usando el séptimo ojo, no eres cristiano. Si eres el Papa, estás usando el cuarto ojo y todos los sacerdocios del mundo usan el cuarto ojo. Los llamados poderes todopoderosos usan todo el cuarto ojo. Pero debes usar el ojo de Jesús. Jesús es el ojo de Dios que se sacrifica por todo el mundo vasto. Se entrega por cada ser en el mundo, viendo por ellos su ideal, su estado perfecto.

Ahora, entremos en el Silencio.

GUÍA PRÁCTICA

-

EJERCICIOS PRÁCTICOS

1. Activación del Sexto Ojo (Yo Soy): Dedica 5 minutos cada mañana a afirmarte en un estado deseado. Por ejemplo, repite con fe: "Yo soy abundancia" o "Yo soy salud perfecta," mientras visualizas imágenes claras de ese estado.

2. Ejercicio de Generosidad Imaginativa (Séptimo Ojo): Identifica a alguien que necesita ayuda o está en un estado de dificultad. Visualiza a esa persona logrando su deseo o superando sus retos. Hazlo con un corazón lleno de empatía, como si ya hubiera sucedido.

3. Exploración del Octavo Ojo (Percepción Total): Practica imaginar el mundo como una obra perfecta. Durante 10 minutos al día, contempla que todo, incluso los desafíos, contribuye al despertar de una realidad superior. Siéntete en paz con esta percepción.

-

REFLEXIONES GUIADAS

1. ¿Qué "ojo" sientes que predomina en tu vida actual? ¿Confías en factores externos (cuarto ojo) o en tu capacidad interna para crear (sexto ojo)?

2. ¿Cómo se transformaría tu vida si te dedicaras a visualizar el bien para los demás tanto como lo haces para ti mismo?

3. ¿Qué emociones o creencias surgen al pensar que los desafíos en tu vida forman parte de un proceso más elevado de despertar espiritual?

-

CONCEPTOS DE PSICOLOGÍA POSITIVA

1. Fluidez Mental y Crecimiento: La idea de pasar de un ojo a otro refleja el concepto de crecimiento continuo en psicología positiva, donde cada etapa es un peldaño hacia una visión más plena de uno mismo y del mundo.

2. Gratitud y Generosidad: Ejercitar el séptimo ojo implica practicar la gratitud y la generosidad imaginativa. Esto no solo mejora el bienestar personal, sino que también crea conexiones significativas con los demás.

3. Autodeterminación: El sexto ojo (Yo Soy) fomenta el sentido de autodeterminación al reconocer que cada persona puede definir su realidad desde su percepción y creencias.

-

CITAS DE TEXTOS ESPIRITUALES

1. Zacarías 3:9: "Mira, sobre esta piedra que he puesto delante de Josué, una sola piedra con siete ojos." Refleja la progresión espiritual a través de los "ojos" o etapas de percepción.

2. Isaías 40:6-8: "Toda carne es como hierba... pero la palabra de nuestro Dios permanece para siempre." Esto resalta la importancia de transcender lo temporal y ver la realidad eterna.

3. Job 42:5: "De oídas te había oído; mas ahora mis ojos te ven." Este versículo refuerza la apertura del séptimo ojo, donde la percepción interna lleva a la comprensión de lo divino.

-

PERSPECTIVAS DE AUTORES RELACIONADOS

1. William Blake: Blake visualiza el despertar espiritual como un viaje interno a través de "Albion," el hombre universal. Esto conecta con la apertura del octavo ojo descrita por Neville.

2. Eckhart Tolle (El Poder del Ahora): Tolle enfatiza vivir en el presente y trascender los sentidos para experimentar la conexión con el Ser, en línea con el séptimo ojo de Jesús.

3. Carl Jung: Jung identifica las etapas de individuación como una progresión hacia la integración total del yo, similar a cómo los ojos de Dios representan niveles de percepción espiritual.

EL ÚNICO CRISTIANISMO

Neville Goddard
(10-10-1959)

Creemos firmemente que la Imaginación es Dios; que el Poder Supremo del Universo es uno con la Imaginación humana. Así que cuando lees la Biblia —un fabuloso e inspirado libro—, y te encuentras con la palabra "Dios", puedes usar también la palabra "Imaginación" y la entenderás con mayor claridad.

Romanos 4,20: "Ante la promesa de Dios, no cedió (Abraham) a la duda con incredulidad, sino que robusteció su fe, dando gloria a Dios, plenamente convencido de que poderoso es Dios para cumplir lo prometido". Al leerlo, puedes pensar en algún ser externo a tu Imaginación. ¿Podrías ahora soñar en ser el hombre o mujer que quieres ser? Ese sueño es una promesa. Se nos dice que no se desvió por nada del mundo, y le dio toda la gloria a Dios, o a la Imaginación, plenamente convencido de que Dios cumpliría lo prometido.

Si crees lo que enseñan las iglesias, puedes pensar que no tienes derecho al bien que deseas. Lee Romanos 1,20[-23]: "Desde la creación del mundo, la naturaleza invisible de Él: Su eterno poder y deidad, ha sido claramente percibida en todo lo creado. De manera que no tienen excusa, pues, habiendo conocido a Dios, no lo glorificaron como Dios ni le dieron las gracias. Al contrario, se envanecieron con sus razonamientos, y su mente insensata se llenó de oscuridad. Pretendiendo ser sabios, se volvieron necios, y cambiaron la gloria del Dios inmortal por imágenes en forma de hombre mortal, de aves, de cuadrúpedos y de reptiles. [...] y reverenciaron y sirvieron a la criatura antes que al Creador".

Te digo que él está hablando del ser inmortal en todo lo que fue hecho. Inclusive, del traje que estás usando; alguien tuvo primero que imaginarlo. La primera cosa imaginada es la imagen invisible, y luego se manifiesta como un sombrero, un traje o una casa.

Hoy me llamó una amiga para conversar sobre un problema personal. Me comentó:

—Tú dijiste que tu padre poseía una visualización hiperrealista.1 Las imágenes que él podía ver en su Imaginación eran tan reales como las formas del mundo físico.

Yo sabía que era así. Todo el vasto mundo que construyó para sus diez hijos fue hecho con su maravillosa Imaginación. Se sentaba solo y hacía aparecer ante él hombres y mujeres, y veía situaciones como quería que fueran. Y luego, antes de dormirse, se apropiaba de ese estado y lo controlaba por completo. Y cuando después regresaba a sus oficinas, y estas cosas sucedían, no se sorprendía. Otros, sobre la marcha, llegaban a acuerdos que él ya había visto en el ojo de su mente.

Esta dama me llamó para contarme sobre el esposo de su hermana. Su padre se oponía al matrimonio, dijo que nunca sería un buen hombre y expuso en detalle lo que haría. Anticipó lo siguiente:

—Te dará un hijo, pero no le brindará apoyo. Se la pasará en bares y será un inútil.

Ese hombre cumplió esa profecía al pie de la letra. El padre de mi amiga era un personaje poderoso en el teatro y sentía aversión por su yerno, profetizó su futuro, y se ha vuelto realidad de forma precisa. Le conté a esta dama una historia sobre una profecía de hace años de mi padre.

Es el año nuevo de 1919. Veo a mi padre en la cabecera de la mesa, y a todos nosotros, aún niños, sentados allí. Y él le dice a mi madre:

—Habrá una guerra en 20 años, Wilsey. Será en otoño. Alemania estará otra vez en guerra contra Inglaterra. Japón, Rusia e Italia estarán involucrados en ella. Estados Unidos será nuestro gran aliado.

Mi madre miró a sus hijos alrededor de la mesa y dijo:

—Mis hijos tendrán edad para ir a esa guerra. ¿De qué estás hablando?

—Será un hecho, en todos los buques ya se está hablando de eso —respondió mi padre.

Él era proveedor de buques, y hablaba con muchas personas. Mi padre no era consciente de este poder que tenía de imaginar como Dios.

Podía tomar a un hombre, a una mujer o una comunidad, y verlos tan vívidamente en la imaginación en su propia sala de estar que eran palpables para él, para luego evidenciar que llegaban a su oficina para proponer lo que interiormente había puesto en marcha. Sin embargo, no identificaba ese poder creador de su mundo con aquello que llamaba Dios. "Desde la creación del mundo, la naturaleza invisible de Él: Su eterno poder y deidad, ha sido claramente percibida en todo lo creado". Mi padre veía todo ya realizado. Discutía un plan con un hombre, y luego ese hombre iba a verlo para proponerle el trato que mi padre ya había hecho en su imaginación, pero no identificaba esto con

Dios. "Cambiaron la gloria del Dios inmortal por imágenes en forma de hombre mortal, [...] y sirvieron a la criatura antes que al Creador".

La presencia invisible de todos aquí es Dios, pero si imaginas que el dinero es una realidad y haces un millón, inesperadamente le rindes culto al millón, y no al poder que lo hizo posible. Entras a un determinado círculo social, y luego te olvidas de que tú lo hiciste realidad imaginando, y ahora crees que ese grupo es lo más importante. Así que el hombre olvida y cambia la gloria del Dios inmortal por la imagen de un hombre mortal o por algo transitorio. Todo lo visible desaparecerá, mas tú permanecerás. Incluso este gran territorio algún día será arrastrado por el mar, pero tú no. Aquél que le dio existencia a las cosas no puede dejar de ser. Así que ya lo sabemos.

Le conté a esta dama sobre mi padre, y me dijo:

—Tu padre hizo eso en 1919, pero si me retrotraigo a ese año, mi padre expresó: "No quiero comprar el periódico, porque puedo ver en los titulares la palabra "guerra"".

Estaba tan determinado y convencido en no comprar ni uno en semanas, ¡y cuando finalmente lo compra, el titular dice: "guerra"! Luego la dama me preguntó si la actitud de su padre hacia el esposo de su hermana había determinado lo que sucedió, y si debería continuar ayudando a su hermana, que siempre estaba pasando necesidades. "Sí, lo que dijo determinó lo que sucedió, pero podría ser cambiado radicalmente en este momento. Ayuda a tu hermana si ella lo necesita". Pero entonces le dije que este poder es todo imaginación y es un solo tejido con nuestra maravillosa imaginación. Solo hay UNO. No diferimos en naturaleza o sustancia de ESO, sino en grado de intensidad. Si pudiéramos imaginar cualquier cosa en el mundo, y no desviarnos, no apartarnos de ella, y darle toda la gloria a este poder llamado Dios, nada podría evitar que se manifieste.

Dios le habla al hombre a través del lenguaje de los sueños, pero no hay que irse a dormir para soñar. Puedo imaginar algo para ti, y desearlo con todo mi corazón. Si imagino algo para otro, eso es Dios hablándome. No tengo que ver un rostro. Hay una gran diferencia entre lo que las iglesias llaman Dios y lo que el místico sabe que es Dios. Blake habla del cristianismo en el último capítulo de su gran obra "Jerusalem". La divide en cuatro capítulos, como los cuatros ríos, etc., y nos dice:

Te doy el extremo de un cordón de oro,
Para que hagas un ovillo con él;
Te conducirá a la puerta de los cielos,
Erigida en el muro de Jerusalem.

Y luego define el cristianismo. ¿Dogmas? Los descarta por completo y dice: "No conozco otro cristianismo ni otro Evangelio que la libertad del cuerpo y de la mente para ejercer el Divino Arte de la Imaginación. La Imaginación, el mundo real y eterno, del que este Universo Vegetal no es más que una pálida sombra, y en el cual viviremos en nuestros Cuerpos eternos o Imaginativos cuando estos Cuerpos Vegetales Mortales ya no sean".

No hay otro cristianismo que el derecho de ejercer el divino arte de la Imaginación. Entonces te digo:

—Me gustaría lograr tal cosa, pero he perdido la perspectiva. ¿Podrías ejercer el divino arte, y escuchar eso para mí?

Y [cuando lo necesites] tú me dices:

—¿Escucharías algo para mí?

Imagina que me has dicho que lo que deseas está dado, y dale toda la gloria al poder que crea en este mundo.

Personalmente, he hecho esto innumerables veces. Es el único cristianismo en el mundo. No tiene que ver con ninguna iglesia. El único cristianismo es la libertad de ejercer el divino arte de la Imaginación. ¿Puedo hacerlo yo? ¿Quién lo hace? ¡Dios lo hace! No tengo que elaborar ninguna forma. El poder supremo del universo es uno con la Imaginación humana.

Si regresamos al viejo testamento y tomamos la palabra "Hacedor", significa 'Imaginación'. "Porque marido tuyo es tu Hacedor; / el Señor de las Huestes es su nombre" (Isaías 54:5). La palabra "alfarero" significa Imaginación: "Bajé, pues, a la casa del alfarero, y he aquí que éste estaba haciendo una obra sobre las dos piedras. Y la vasija de barro que estaba haciendo se echó a perder en la mano del alfarero, así que volvió a hacer de ella otra vasija, según le pareció mejor hacerla" (Jeremías 18:3-4). Solo habría que tomar ese pasaje y usar la palabra "Imaginación", pero el traductor no se atrevió a usarla.

¿Qué estoy haciendo con mi mano mental? Si no es bueno y no lo reviso, entonces estoy impulsando mi rueda y recreando la misma imagen, pero si soy un alfarero sabio, la cambiaré y escucharé que me dices que ahora tienes lo que deseas. Haré una nueva vasija. ¿Quién la está haciendo? El alfarero, y ese es la Imaginación. A lo largo de todo el día pienso lo mismo una y otra vez. Estoy trabajando en la rueda de la repetición. Todos aquí pueden ser el hombre o la mujer que desean ser. Lo sé por mi propia familia. Cuando creas un negocio y consideras todos los aspectos, y estimas cómo se darán las cosas, ¿alguna vez te has percatado con qué frecuencia se dan en la forma en que lo habías dicho? ¿Quién lo hizo? No eres profeta, pero estás imaginando, y entonces el estado se hace realidad. Nada es manifestado por ningún poder externo propiamente dicho. Es sostenido por la actividad del que la manifestó. Entonces, si yo produje la pobreza, ésta solo puede permanecer mientras que yo sea consciente de ser pobre. En el momento en que dejo de imaginar que soy pobre, las cosas empiezan a cambiar.

Había una obra en Broadway llamada "La Millonaria", y un crítico escribió con sarcasmo que Katharine Hepburn estaba tratando de impresionarnos con el hecho de que todo lo que los pobres necesitan para hacerse ricos es la arrogancia de la riqueza. ¡Él era más sabio de lo que creía! La arrogancia de la riqueza es todo lo que él necesita para dejar de ser pobre. Caminas en un estado, y es una actividad de la mente, y en la medida en que la puedas sostener, en esa medida la crearás. El mundo entero no es sino Dios, y Dios es Imaginación, y el hombre es Imaginación, y "moramos en Él y Él en nosotros, y somos uno" (1 Juan 4:13).

Ahora pruébalo. Toma algo esta noche. Si has perdido la perspectiva, hazlo para alguien más y ve a esa persona como le gustaría verse a sí misma, y mantente fiel a eso. Puede que nunca se entere de que lo hiciste para ella, pero eso no importa. Cuando las cosas sucedan de manera tan natural, nunca pensará que la causa estuvo en lo que hiciste. Esa persona ha cambiado la gloria de Dios por una imagen en forma de hombre mortal. Dirá que conoció a ciertas personas y que ellas influenciaron a alguien más, o que la recomendaron, y eso provocó que todo sucediera. Estas cosas se llevan el crédito, y él o ella se olvida del Dios inmortal.

Les he contado la historia de un amigo que vino a verme porque necesitaba desesperadamente una mayor entrada de dinero, etc., para cubrir las necesidades de educación de su familia. El cargo que para entonces ocupaba en el banco no le brindaba esperanzas de mejoría. Le enseñé qué hacer, y mientras me ausenté de Barbados él lo puso en práctica, y al regresar me dijo que tenía asegurado un cargo fabuloso en la Fundación Rockefeller, donde aún está. Pero él es de una mente tan lógica que, con el paso del tiempo, empezó a olvidarse de cómo se hizo realidad, y ahora le da todo el crédito al hombre con quien habló en la iglesia, y que finalmente le pidió entrar en la Fundación. Este hombre ahora es una poderosa persona en la mente de mi amigo, y es la causa de su buena fortuna. La gloria que le pertenece a Dios se la transfirió a la imagen de un hombre

Al margen de lo que estés haciendo, ¿puedes ver claramente lo que quieres hacer, y sostener en tu interior una conversación con un amigo, que implique que tu deseo ahora es un hecho? Entonces, hazlo. Porque en los niveles más altos de la imaginación, la actividad interna es revelada por la conversación interna. Si el hombre escuchara lo que está diciendo en su interior, sabría lo que está poniendo en marcha. Si cuando un hombre camina por la calle, hiciera una pausa y se preguntará: "¿Qué estoy diciendo ahora?" Descubriría que el noventa y nueve por ciento [de lo que dice] está justificando el fracaso. Pero se nos dice: "No tienes excusa, porque lo has conocido y has visto su obra, y aun así lo niegas". Cuando oyes la palabra "Dios" o "Jesucristo", piensas en algún ser externo a tu propia Imaginación, pero no hay nadie que imagine sino Dios. Esto es lo que ilumina a cada ser en el mundo, y a medida que imaginas más te conviertes en luz.

Así que sin importar cuáles sean tus limitaciones actuales, puedes empezar a soñar el más noble de los sueños, y puedes entrar en él como si fuera real, sabiendo que tu imaginación es Dios. No hay ficción. Puedes escribir tu propia novela y cumplirla. Incluso, alguien en un calabozo puede estar imaginando, y quién sabe lo que puede provocar. Si yo estuviera en un calabozo, haría que el mundo se moviera, si fuera necesario, para salir en libertad. Un cuerpo puede estar físicamente confinado, pero no se puede confinar a Dios. El hombre solo ve la causa superficial;

la verdadera causa de algo no puede ser vista, porque el poder invisible es el que está creando. Cómo saber quién puede hacer que el mundo convulsione. Puede incluso ser una mujer "pisando" el lagar.

Todos aquí pueden ser lo que deseen, sin importar cuál sea el sueño, si están dispuestos a dejar que Dios lo haga, y Dios es tu propia imaginación. Camina, como suspendido en el aire, sobre las apariencias, y te convertirás en lo que deseas. Este es el único cristianismo que conozco: la libertad para ejercer el divino arte de Imaginar. Ahora pruébalo. Si estás aquí por primera vez, te reto a que lo refutes. Todos tienen el mismo poder. Porque alguien tenga un millón, eso no lo hace más creador de lo que tú eres. Sé cuidadoso con lo que estás imaginando, porque lo que estás imaginando será creado, aunque pueda convulsionar al mundo. Espero que tengas la Versión Revisada de la Biblia, porque es de donde he tomado las citas esta noche. Es más precisa en cuanto a significado, si bien no tan oralmente atractiva como la Versión Rey Jacobo.

En Romanos encontramos esa recreación para todo, porque después de Hechos, Pablo establece el cimiento, y afirma: "soy un hijo de Abraham, de la tribu de Benjamín" (Filipenses 3:3-5), pero ahora lo ve no desde la norma, sino desde el espíritu, y ve la circuncisión no ya como solo un acto físico. Reconoce que ahora es un verdadero cristiano. No fue a ninguna iglesia. Ahora ve el espíritu de la ley, y no la letra. ¡No puedes nacer cristiano! Es una forma de vida que adoptas. Podrías nacer en el Vaticano, y ser hijo del Papa, y no ser cristiano. Únicamente puedes ser cristiano cuando ves la realidad, y la adoptas como una forma de vida. La ley le fue dada a los hombres, pero ellos se abren paso desde la letra de la ley, para encontrar el espíritu de la ley, y vivir según el espíritu de la ley, y eso es cristianismo. Hay numerosas religiones basadas en muchos "ismos", pero eso no es cristianismo. El cristianismo es la libertad del cuerpo y de la mente para ejercer el divino arte de la Imaginación.

Esta dama puede cambiar la imagen del esposo de su hermana. Puede imaginar que ahora es generoso, porque ahora él tiene tanto, que quiere darle a su hermana como ella le dio a él, y así puede romper el hechizo lanzado sobre él. Sé que, cuando zurcía nuestras medias, mi madre soñaba para cada uno de nosotros un futuro con el cual se sentiría orgullosa. Todos nosotros estamos viviendo una vida noble, y sé que ella la soñó para nosotros. Nunca lanzó un zapato si hacíamos algo malo. Ella dejó este mundo con su sueño fijo en la mente, y se hizo realidad. Podemos soñar para nosotros o para nuestros vecinos, y ese sueño es la voz de Dios, porque Dios le habla al hombre por medio de los sueños.

Ahora entremos en el silencio.

GUÍA PRÁCTICA

-

EJERCICIOS PRÁCTICOS

1. Visualización Consciente: Dedica 10 minutos al día a imaginar una situación ideal que deseas alcanzar. Siente la emoción de haber logrado tu objetivo mientras visualizas los detalles específicos de esa escena.

2. Revisión Nocturna: Antes de dormir, repasa tu día en tu imaginación. Si hubo algún evento negativo, visualízalo de nuevo, pero transformándolo en una experiencia positiva. Esto alinea tu subconsciente con un resultado deseado.

3. Conversación Interna Positiva: Practica sostener una conversación interna donde imagines a un amigo felicitándote por tu éxito. Esto refuerza tu fe en que el deseo ya se ha cumplido.

-

REFLEXIONES GUIADAS

1. ¿Qué creencias limitantes tienes sobre el poder de tu imaginación? ¿Cómo estas creencias podrían estar afectando tu capacidad para manifestar tus deseos?

2. Reflexiona sobre un momento en tu vida en el que una visualización consciente o inconsciente se haya manifestado. ¿Qué aprendiste de esa experiencia?

3. ¿Qué significaría para ti asumir completamente la responsabilidad de tu realidad como el creador de tus experiencias?

-

CONCEPTOS DE PSICOLOGÍA POSITIVA

1. Eficacia Personal: Según Albert Bandura, la creencia en tu capacidad para influir en los eventos de tu vida fortalece tu resiliencia y motivación. Esto coincide con la idea de Neville de usar la imaginación para transformar la realidad.

2. Visualización como Herramienta de Éxito: La psicología positiva utiliza la visualización para alcanzar metas, ya que esta técnica activa las mismas áreas del cerebro que cuando realizamos la acción en la vida real.

3. Optimismo Aprendido: Martin Seligman sugiere que cambiar tus patrones de pensamiento hacia un enfoque positivo mejora tu bienestar, alineándose con la práctica de Neville de imaginar resultados deseados.

-

CITAS DE TEXTOS ESPIRITUALES

1. Romanos 4:20: "No dudó, por incredulidad, de la promesa de Dios, sino que se fortaleció en fe." Resalta la importancia de mantener la fe en lo que imaginamos, tal como Neville enseña.

2. Mateo 7:7: "Pedid, y se os dará; buscad, y hallaréis; llamad, y se os abrirá." Este versículo refuerza la idea de que la persistencia en la imaginación crea la realidad.

3. Bhagavad Gita 6:5: "El hombre debe elevarse a sí mismo por medio de su mente, no degradarse. La mente es amiga del alma elevada y enemiga de la degradada." Esto conecta con la enseñanza de Neville sobre controlar la imaginación.

-

PERSPECTIVAS DE AUTORES RELACIONADOS

1. William Blake: Blake define el cristianismo como "la libertad de ejercer el divino arte de la imaginación," en línea con la enseñanza central de Neville sobre la imaginación como el poder supremo.

2. Joseph Murphy (El Poder de Tu Subconsciente): Murphy sostiene que el subconsciente responde a las imágenes mentales persistentes, complementando la idea de Neville sobre el poder creativo de la imaginación.

3. Eckhart Tolle (El Poder del Ahora): Tolle enfatiza la importancia de vivir en el presente y usar el enfoque consciente para transformar la realidad, similar a las prácticas de Neville.

ESAÚ Y JACOB

Neville Goddard
(13-11-1959)

Como prometí el martes pasado, ahora quiero darles mi técnica personal [que uso] cuando oro por mí mismo o por otros, pero para el beneficio de aquellos que están aquí por primera vez, quiero decir que aquí creemos que la Imaginación crea la Realidad. Y como sólo Dios crea la Realidad, tu Imaginación y mi Imaginación son una con el Poder Supremo que los hombres llaman Dios.

Para hablarte de mi técnica debo volver atrás y darte las razones. Volveré a mis experiencias personales y las relacionaré con la Biblia. Habla del nacimiento de un niño en Génesis 25, el hijo de Isaac y Rebeca. Rebeca, deseando concebir después de veinte años de esterilidad, oró al Señor y el Señor respondió a su oración, y ella sintió esta extraña lucha en su interior y se preguntó por qué, y el Señor dijo: "Dos naciones hay en tu seno, y dos pueblos, nacidos de ti, serán divididos; el uno será más fuerte que el otro; el mayor servirá al menor". Y en el momento del parto salió primero un ser pelirrojo y velludo, y luego salió otro cuya mano sostenía el talón del primero y era de piel lisa y sin pelo.

El primero se llamaba Esaú y el segundo Jacob. Ahora la historia es: "¡Traedme a Jacob!". Si lo recuerdas, Jacob tomó la primogenitura de Esaú y luego tomó su bendición, y Esaú le dijo a su padre, Isaac: "¿No tienes bendición para mí?". E Isaac, su padre, le dijo: "Vivirás a espada; servirás a tu hermano, pero cuando te sueltes, romperás su yugo de tu cuello". Ésa era la única bendición que podía dar a su primogénito, pues se la había dado toda a Jacob, que significa "el suplantador". No tiene sentido si se toma al pie de la letra. No tiene nada que ver con personas llamadas Rebeca, Esaú o Jacob. Este drama se desarrolla dentro de ti.

Yo tenía siete años cuando me ocurrió, y me encontré en un océano infinitamente tempestuoso. Yo era el océano, y sin embargo era Neville. Parecía despreocupado de lo que le hacía a Neville y lo agitaba como una ola y Neville estaba casi muerto de miedo. Al océano no le importaba, sin embargo yo, Neville, también era el océano.

Esto sucedía una vez al mes desde mi séptimo hasta mi duodécimo año, y podía saber por la extraña sensación de expectación que sentía durante el día cuando iba a suceder. Temía ir a dormir, porque cuando empezaba a dormir me volvía uno con esta inmensidad, y todo era este gran océano, y entonces se producía una separación entre el océano y su ola, pero yo seguía siendo el océano. Mes tras mes se produjo esta división hasta mi duodécimo año. Entonces desapareció.

Cuando cumplí veintiuno, volvió en una clave diferente. Una noche estaba contemplando el Samadhi y mientras leía este libro sobre la vida de Buda (La Luz de Asia). Caí en un trance involuntario. Cuando desperté había salido el sol y yo no me había movido en diez horas, pero durante ese intervalo me convertí en luz líquida infinita. Entonces no estaba dividido; no había nada más que luz. Yo era la Realidad Una y era Luz Infinita. Esa fue la segunda experiencia.

Luego vinieron otros de un estado secundario de esta división. Fui proyectado con cierta intensidad fuera de mi cuerpo. Tomé conciencia por primera vez de esta división y de que yo era algo más que este ser de carne y hueso. Yo estaba fuera, y esta Realidad estaba en la habitación mirando este cuerpo sobre la cama. Entonces deseé volver al cuerpo, integrándome como una unidad, y hacerlo conscientemente. Lo hice, y luego con una intención consciente deliberada intensifiqué este poder y me sentí salir de nuevo.

Deseé bajar a la habitación e hice una especie de bucle. Una formación de nubes estaba sobre la cabeza pero todo estaba en detalle. Podía ver a través de las roturas de la nube la cara que veo todos los días en el espejo - mi cara. Intenté atravesar la pared y no pude, y entonces di un gran salto hacia la pared y me volví a meter en el cuerpo.

El hombre cree que cuando se mira en un espejo eso es todo lo que es. Si se quema, desaparece. No es así en absoluto. El hombre que sale del vientre materno es la imagen del gemelo que viene al mundo. Cada niño que viene de la mujer es Esaú. Puede ser bastante lampiño para los estándares normales, pero sigue siendo Esaú. Cambia su nombre de Esaú a Edom, que significa "rojez" o "sangre roja". Este ser siempre viene primero al mundo, y después de él viene uno a suplantarlo y ese es Jacob. A Jacob no se le ve. Está oculto. Por eso se dice que no tenía pelo. Vivía en una tienda. Esa tienda era Esaú.

Luego viene la separación, porque Dios y sólo Dios produce esa separación y Dios es ese océano infinito que tomará a este ser y lo arrojará una y otra vez para producir esa separación. Hay algo en el hombre que provoca esta separación y separa a Jacob de Esaú. "¿No tienes bendición para mí, Padre? Me pediste que te trajera venado y ahora descubro que mi hermano te ha engañado". Sin duda está bien llamado "el suplantador". "Me quitó mi primogenitura y luego mi bendición, pero seguro, Padre, que te queda una bendición para mí". Esta es: "Vivirás a espada; servirás a tu hermano, pero cuando te sueltes, romperás su yugo de tu cuello".

Hay algo en este cuerpo que puede soltarse de este poder de mando, y entonces muere. Eso es todo lo que Esaú puede hacer. Así que este vestido - el cuerpo - está bajo el mandato de obedecer a Jacob. Jacob es todo Imaginación. Hay un ser en el hombre que divide este vestido que se mueve por compulsión, y cuando se suelta, no hay Esaú.

Isaías 49: "El que me forjó desde el vientre me formó para volver a Jacob a él". Todo lo que Él quiere es Jacob. Quiere despertar en cada ser un Centro de Imaginación y ese Centro se llama Jacob, el pequeño. "¿Cómo se mantendrá en pie, pues es tan pequeño?" Le doy un susto de muerte, pero lo hago para que esté vivo y sea un Centro que pueda crear. En los evangelios posteriores se llama Jesús, el Ser Supremo que gobierna el mundo.

A partir de estas experiencias vi la Biblia de otra manera. Leía el Libro y lo veía diferente. Sólo he tenido una verdadera paliza en mi vida y fue la de un hombre que se voló los sesos seis meses después. Me preguntó sobre un pasaje de la Biblia. "¿Qué dice?" Le dije: "Levántate y anda". Me dijo: "¡Tráeme el libro! Le dije: "Lo tiene mi hermano". Éramos nueve y no teníamos nueve Biblias; la tenía mi hermano Cecil y yo no podía conseguirla. Este profesor sacó un bastón, una cosa larga y flexible, y entonces tuve que subirme a un banco y entonces él simplemente descargó sobre mi cuerpo lo que hacía falta para explotar una expresión sexual en él.

Luego paró, y yo estaba sangrando. Seis meses después se pegó un tiro. Todo se debió a ese pasaje de la Biblia por el que me golpeó. Pero tal vez formaba parte de la pauta cuando lo cité mal, según su criterio, pues su versión decía "toma tu sofá", y la mía decía "cama". Pero sólo significa aquello en lo que uno estaba descansando. Era sólo una parte del patrón, así que estaba siendo zarandeado por ese océano. Pero parecía no importarle esto que arrojaba. Pero aun así, aunque estaba asustado, sabía que no podía dejar de ser, y por eso formaba parte de un plan para separarlo, de modo que pudiera convertirse en un Centro para la creación. Entonces vi la Biblia de otra manera.

¿Cuál es la técnica? En mis 21 años, cuando meditaba, me identificaba con la dicha que contemplaba como un mar de luz líquida dorada. Entonces comprendí. Absorción. Ése era el secreto. Si me identificaba completamente con un estado -y le daba un nombre- hasta el punto en que me absorbía, funcionaba. ¿Qué fue absorbido? No la prenda, Esaú. Fue Jacob, que es todo Imaginación. Jacob tenía que separarse de Esaú. "Dos naciones hay en tu vientre, y dos pueblos, nacidos de ti, serán divididos; el uno será más fuerte que el otro; el mayor servirá al menor".

Descubrí que la cosa dividida de esto que yo lavaba y alimentaba, era mi Imaginación. Y entonces descubrí que podía poner mi Imaginación en cualquier lugar del espacio. La puse en mi propio sobrino, y cuando mi hermana miró a su hijo, que estaba a punto de hacer su salida, no vio su cara, sino la mía. Porque dejé a Esaú y me convertí en Jacob, y me convertí en Billie, y decidí ser visto por mi hermana, y mi hermana no vio a su hijo tendido en la cama, sino a su hermano Neville. Esa noche me escribió que había visto mi cara y no la de Billie.

Cuando quise ir a Barbados y no tenía un céntimo, dormí en mi imaginación en Barbados y vi el mundo desde Barbados, y fui allí gracias a los esfuerzos de mi familia, que creía haber iniciado el viaje. Cuando me identificaba con un estado, los demás respondían. Se movían como autómatas. Entonces me pregunté si debía hacerlo, y volví a aquel pasaje del Génesis: "Servirás a tu hermano". Y a todos los hombres del mundo servirás. Y entonces te sientes bien con ello.

Este estaba imaginando y todo ser en el mundo le está sirviendo. No tiene que pedir ayuda a nadie en el mundo, digan lo que digan "ellos". Esaú sólo puede vivir mientras tenga su yugo sobre su cuello; y cuando rompe ese yugo de su cuello, Esaú muere. Sin embargo, se perpetúa constantemente antes de morir, para que Jacob pueda poner su yugo sobre otro cuello. Y Jacob es llamado en el Nuevo Testamento, Jesucristo.

He aquí un ejercicio que me ha resultado muy útil. En casa, donde sé cómo es cada parte de una habitación determinada, me siento en una silla de cara a una pared y, con los ojos cerrados, "miro" hacia delante y no veo la pared que está delante de mí, sino la que está detrás. Veo esa pared en el ojo de mi mente y ahora está delante de mí. Entonces la habitación se ha invertido, o yo me he invertido a mí mismo. A lo largo de toda la Biblia existe este tono de reversibilidad. Descubrí al leerla que significa esto. Así que veo lo que está detrás de mí como si estuviera delante.

He aquí otro ejercicio. Me sentaría físicamente en el salón de mi casa en Nueva York y supondría que en realidad estoy en la calle, delante de mi piso, y allí, en la calle, vería los detalles de la marquesina del edificio. Físicamente estaba en el salón de mi casa, en el piso dieciséis, pero en mi imaginación estaba en la calle y lo veía. Luego, todavía en la imaginación, volvía al edificio, subía las escaleras y me sentaba donde estaba Esaú. Y la siguiente vez que realmente salí y cogí a Esaú, cuando llegué a la calle y miré la marquesina vi en ella lo que no había notado la última vez que la miré físicamente.

Por suerte para mí, cuando esto empezó a aparecer a los siete años, no había psicoanalistas en la pequeña isla de Barbados, y si los hubiera habido, mi padre no se los habría podido permitir. No habrían sabido lo que me pasaba. Por suerte para el trabajo que iba a realizar, nací allí, en esta pequeña isla que no tenía ninguna importancia en el mundo... ¡y ningún psicoanalista! Así que nadie podía perturbar lo que mi Padre estaba haciendo para provocar esta separación.

Duró cinco años, de los siete a los doce, y luego me desgarraron, pero no saqué a ese ser hasta que tuve veintiún años y lo vi de otra manera. No éramos dos, sino que yo era "Eso", y podía decir "Yo y mi Padre...", pero al principio sólo podía llamarlo un océano tormentoso. Yo era "Eso" y también era Neville. Cuando tenía veintiún años lo vi y me absorbí en él - o si no, no existía Neville.

Hubo esta separación en diferentes niveles para mostrar cómo puedes orar. Puedes ser cualquier cosa en este mundo. Yo tomaba un pedazo de madera, o una flor, o un animal y trataba de sentirme como él, y finalmente pude sentir lo que sería ser un vaso de agua. Porque todo emana de la Imaginación Divina, y yo soy "Eso", así que lo soy todo. No hay nada más que la Imaginación Divina, y "Eso" y la Imaginación humana son una sola cosa.

Volvamos ahora al aspecto práctico en dólares y centavos. Un buen amigo mío recibió una carta de otro amigo que es profesor y a quien admiro mucho, pero los profesores son tan pedantes. Están tan llenos de conocimientos y de datos ya obsoletos a la vista de los descubrimientos actuales, que en realidad, se podría decir, ¡están llenos de ignorancia! El hombre se desenvuelve tan rápidamente que ustedes aprenden de libros que se sabe que son inexactos y erróneos. Se toman libros no revisados, se memorizan cosas y se obtiene el título en una universidad.

Este profesor (¿Raynor Johnson???) escribió a mi amigo con respecto al título de mi libro, Tu fe es tu fortuna. Escribió: "¿Le gustaría que hiciera un comentario? Supongo que tomó la afirmación 'Tu cara es tu fortuna' y sólo cambió la única palabra".

No leyó el libro, aunque en el Libro de los Proverbios se dice: "El que responde antes de oír, es para él vergüenza y locura". ¿Se atrevió a responder antes de oír la pregunta? Y, sin embargo, no sólo eres profesor, sino también el maestro de un colegio de la Universidad.

Este profesor viene a nuestra tierra y te recomendaré que vayas a escucharle. Él desaprueba completamente las palabras "Fe" y "Fortuna", sin embargo, su motivo para venir aquí sigue siendo llevarse a su propio país - ¡m-o-n-e-y! No hay otro motivo para su venida, pues es de un departamento que utiliza libros ya superados, así que ¿qué puede aportarnos? Así que le dije a mi amigo: "Él tiene, como tantos sabios, talentos mecánicos, y cualquiera puede tomar de la obra inspirada de los místicos y escribir muchos libros y recaudar dinero con ellos". Viene aquí sólo para ganar dinero.

Pero no hablo de un libro, sino del libro: la Biblia. He pasado por todas estas experiencias y sé que el secreto es la identificación con el ideal, sea cual sea. Si quieres dinero, ¿qué hay de malo en ello? Este que viene aquí no rechazará el cheque cuando se lo ofrezcan. ¿Quién engaña a quién en este mundo? Pero se te dice: "Gracias, Padre, porque has ocultado estas cosas a sabios y piadosos y se las has revelado a los niños". Así pues, haz compañía a los niños y evita a los llamados sabios y santos.

Cuando se produce en ti esta división, ése es Dios, y no necesitas la ayuda de nadie. Porque todo vino sobre Jacob, y sólo la espada fue dada a Esaú. Así que este Esaú (el cuerpo) toma la comida en su estómago y debe transformarse en hueso y sangre. Es un proceso tormentoso. Y en el mismo momento en que se suelta del yugo que Jacob le ha puesto en el cuello, Esaú está muerto. No importa, pues el tú inmortal es Jacob y no puede dejar de serlo. Que nadie te diga que el dinero o cualquier otra cosa está mal si Jacob quiere ejercer su talento para ello. Todo

Esaú tiene que servir a Jacob. Si encuentras a Jacob y moras en el estado y te absorbes completamente en él, todos los Esaú tienen que servirte para cumplir ese estado, y ningún poder en el mundo puede detenerlo. Léelo con atención. "Vivirás a espada y servirás a tu hermano".

Esaú tenía que casarse con la Cananea, y la palabra significa, "la que humillaría," pero con quien se casó Jacob - la que salió de Labán - el ideal del mundo. Las "vestiduras" se casan con la cananea. Si mi viejo maestro, Ab, estuviera aquí, os daría un susto de muerte. Solía decir: "Si alguien se presenta ante ti y te parece tan importante, desnúdalo y deja que realice las funciones normales de la vida... y le darás la espalda". Jacob manda en el mundo y Jacob es la Imaginación. Nadie ha visto nunca a Jacob porque es como su Padre, completamente invisible, y entonces llegas al punto en que descubres tu propia invisibilidad.

J.W. Dunne, cuyos libros conoces, se pregunta: "¿Cómo se puede ver algo que tiene no tiene bordes?" Le preguntó al ángel que se le apareció: "¿Por qué no pueden ver la sombra que Dios proyecta sobre el mundo?". Y el ángel respondió: "Porque no tiene aristas". Él pensó que eso era correcto, pues es imposible ver un "esto" sin un "no esto" para hacer la comparación. Pero eso no es cierto, pues cuando el hombre descubre a Jacob, éste no tiene aristas, sino que es más real que todos los Esaus del mundo. Él es todo, y todas las cosas en todo momento.

He aquí una declaración de Aldous Huxley sobre D. H. Lawrence. "Era un hombre extraño, pero parecía saber de lo que hablaba. Sabía lo que era ser una vaca o una margarita. Conocía las emociones de su vaca favorita y sabía lo que era ser una margarita. Sabía lo que era ser la luna". Huxley no lo entendía; tenía talentos mecánicos y podía describir estas cosas como se las describía D. H. Lawrence.

Algo está ocurriendo en ti y Dios lo está haciendo, porque la profundidad de tu ser es Dios, y cuando esto se hace entonces Jacob se divide de Esaú. Todo le es dado a Jacob, y "nunca caerá el cetro de su mano".

Así que te he dado mi técnica para orar. No asumo la responsabilidad de hacer nada, así que después de identificarme con el estado que deseo, dejo que así sea. Puede tardar un día, una semana o un mes, y a veces nunca me entero, pero sé que debe hacerse realidad, porque mi palabra no puede volverme vacía. Veo lo que quiero ver, y entonces dejo que sea verdad. No muevo un dedo para que se haga realidad, pues cómo puedo discutirlo si ya es así. Siempre que te hayas imaginado como quieres ser y hayas sentido la emoción de ello, ésa es la orden de Jacob y el ser exterior tiene que moverse a través de todos estos estados para cumplirla.

Las mayores visiones del mundo están en la Biblia. Que éste o aquél justifiquen sus pequeños comentarios sobre las palabras "Fe" o "Fortuna". El acto de fe es el poder de Dios obrando en el hombre para justificar el camino del hombre necesitado.

Entonces, me siento en mi silla y veo ante mí lo que no está físicamente ante mí, y entonces me doy la vuelta. Esta prenda exterior - Neville - fue puesta a través de todos los pasos desde los siete hasta los veintiunos, y luego vino este cumplimiento del 21 de julio de este año (el nacimiento del Niño de mi propio ser) y vi la completa separación de ese pequeño llamado Jesucristo de lo que es Esaú. De Esaú vino Jacob, y de María viene Jesucristo, y ambos vienen de una separación o un desgarramiento. No tiene nada que ver con el dogma. ¿Quieres que lo sea? Bien, nómbralo, identifícate con él; absórbete completamente con él.

El hombre exterior no puede hacerlo, así que el hombre interior lo ha hecho, pues ha ordenado que "servirás a tu hermano". Esta vestidura peluda viene primero y luego viene la que no puedes ver, y esa es Jacob. Así que no importa quién seas, éste es el plan de Dios para despertar a los hijos. Este mundo exterior parece venir primero, pero viene a despertar a Dios que lo creó. Cuando se individualiza, ￼lo que más desea es Jacob. Se completa todo el mundo físico, y se nos dice que ahora se funde en radiación, y entonces, cuando se quita el yugo del cuello de Esaú, éste muere.

Que nadie te diga que eres un pequeño gusano. Estás aquí porque existe ese hijo de Dios que hay que separar de la forma exterior por la que se te reconoce cuando caminas por la calle. Ejerce este poder para todos en el mundo y no sólo deséales lo mejor sino identifícate con tu deseo para ellos. Entonces está hecho, y no necesitas levantar un dedo para que así sea, dejas que así sea. Se conformarán con lo que has hecho. No importa quiénes sean, si son personas sencillas o si tienen títulos: esos títulos se los da Esaú a Esaú, y a ti sólo te interesa Jacob. Isaías 49: "El que me formó desde el vientre para ser su siervo y para que Jacob volviera a él". Allí en tu Biblia lo leerás. "¿Cómo puedes encontrarlo? Es tan pequeño. ¿Cómo puede Jacob mantenerse en pie?"

¡Estará de pie! Sé lo pequeño que es, porque el océano infinito me arrojó sobre su espalda y sé que no le importó. Lo hacía con un propósito; yo era arrojado por todo su infinito. Tenía miedo de dormirme cuando sentía que se acercaban estas noches, y entonces, cuando cerraba los ojos, se producía esta separación. Me sacaba de Sí mismo. Ese era el gran océano de la vida. Cuando comprendas esto sabrás lo que significa el Diluvio, y el verdadero significado de la historia del Arca.

Así que esta noche si pudiera darte mi técnica en esencia, es esta: Me siento tranquilamente en una silla; no me tumbo porque esa posición se asocia con el sueño. Me siento en una silla e imagino y me absorbo y me identifico con cualquier cosa que otro me pida como si ya estuviera realizada. Para mí es entonces real y están ante mí y me cuentan la emocionante noticia de haber realizado su sueño. Si físicamente estuvieran llorando no habría ninguna diferencia, porque eso es sólo Esaú y yo sé que él debe pasar por algo para traer a Jacob; a mí no me interesa. Esaú debe servir a Jacob.

Si me llaman al día siguiente y me cuentan la historia más horrible no importa, porque empezaron cuando Jacob dio la orden, y todas las bendiciones del universo le fueron dadas a Jacob y todo el mundo tiene que servirle. Si me llaman para decirme que los han despedido, les digo: "¡Bien!". Cuando han sido despedidos, se han convertido en el cumplimiento de lo que yo había oído para ellos, y descubrirán que fue el punto de inflexión que les llevó a lo que deseaban. Después podrán olvidar cómo sucedió, pero tú, no olvides que fue Jacob quien dio la orden. Ahora llámenlo por un nombre nuevo y llámenlo Cristo Jesús.

Lee la genealogía y lo verás: Esaú vino primero, luego Jacob; Juan vino primero y luego Jesús. Ambos vinieron de forma milagrosa. La mujer de Isaac fue estéril durante veinte años, y luego oró. Jesús nació de una virgen; no tiene nada que ver con un hombre o una mujer. Yo soy cada personaje de la Biblia y estos son solo actividad imaginal, y esta era una actividad imaginal que podia sacar de si misma lo que deseaba.

Todo el que viene de abajo (por nacimiento fisico) tiene que venir primero, y ese es Esaú, y el sera despedazado para que sea separado y entonces el Niño nace, y entonces no hay límite para la translucidez o expansion del hijo de Dios.

Entremos en el silencio.

GUÍA PRÁCTICA

-

EJERCICIOS PRÁCTICOS

1. Visualización de Estados Deseados: Siéntate en un lugar tranquilo e imagina con detalle un estado que deseas alcanzar. Por ejemplo, si deseas prosperidad, visualiza cómo sería vivirla día a día, incluyendo emociones, colores y sonidos. Practica esto diariamente hasta que se convierta en una experiencia vívida.

2. Identificación con el Ideal: Elige un objetivo o deseo y siéntete como si ya lo hubieras logrado. Por ejemplo, si deseas mejorar tu salud, visualízate en perfecta condición física y emocional. Este ejercicio refuerza la idea de "absorción" mencionada por Neville.

3. Reversión de la Perspectiva: Practica cambiar tu percepción. Si estás físicamente en una habitación, imagina que estás viendo esa habitación desde otro ángulo. Este ejercicio entrena la imaginación para explorar nuevos estados de conciencia.

-

REFLEXIONES GUIADAS

1. ¿Qué limitaciones de Esaú (tu ser externo) te han impedido hasta ahora conectar plenamente con Jacob (tu imaginación)? ¿Cómo puedes superar estas barreras?

2. ¿Qué significaría para ti vivir como el creador consciente de tu realidad, reconociendo el poder de tu imaginación como divino?

3. ¿Cuáles son los estados recurrentes que alimentas en tu imaginación? ¿Cómo podrías transformarlos para alinearlos con tus metas?

-

CONCEPTOS DE PSICOLOGÍA POSITIVA

1. Autoeficacia: Bandura define la autoeficacia como la creencia en tu capacidad para lograr objetivos. Identificarte con tu ideal, como enseña Neville, es una forma de fortalecer esta creencia.

2. Resiliencia Cognitiva: La práctica de visualizar tu vida desde una perspectiva ideal fortalece la resiliencia frente a los desafíos, ayudándote a mantener un enfoque positivo y proactivo.

3. Fluidez Mental: Cambiar de perspectiva o visualizar estados alternativos fomenta la fluidez mental, una habilidad clave para la resolución de problemas y la creatividad.

-

CITAS DE TEXTOS ESPIRITUALES

1. Génesis 25:23: "El mayor servirá al menor." Esto ilustra cómo el cuerpo físico (Esaú) está destinado a ser dominado por la imaginación (Jacob).

2. Isaías 49:5: "El que me formó desde el vientre para ser su siervo, y para que Jacob vuelva a él." Resalta la idea de que el propósito divino es despertar el poder creador en cada individuo.

3. Juan 1:13: "No nacidos de sangre, ni de voluntad de carne, sino de Dios." Esto alinea la enseñanza de Neville sobre la individualidad divina y el despertar de Jacob.

-

PERSPECTIVAS DE AUTORES RELACIONADOS

1. William Blake: Blake describió la imaginación como "el hombre real y eterno," destacando su papel central en la creación, en armonía con las enseñanzas de Neville.

2. Joseph Campbell (El Héroe de las Mil Caras): Campbell habla de la "separación" como parte del viaje del héroe, reflejando la separación entre Esaú y Jacob en el proceso de autodescubrimiento.

3. Carl Jung: Jung consideraba que el inconsciente colectivo contiene arquetipos como Jacob y Esaú, representando la lucha entre el yo superior y el ego.

AL NORTE DE LA FRANJA

Neville Goddard
(24-11-1959)

En esta plataforma creemos que Dios es todo Imaginación y Dios es hombre (hombre espiritual, no el vestido de piel que lleva). Por lo tanto el hombre es todo Imaginación. Creemos también que Dios, siendo el único creador, y siendo Dios el hombre, entonces nosotros somos creadores, que la vida misma es una actividad de la Imaginación. Todo el mundo en el que vivimos es un mundo de Imaginación. Esta noche esperamos mostrarlo de tal manera que os animéis a salir y comprobarlo. Cada uno puede llegar a ser lo que desea ser, pero el ser real es invisible y sólo veis su manifestación, porque Dios es espíritu, por lo tanto el hombre es espíritu, y cuando hablamos de espíritu nos referimos a imaginar.

He aquí dos maravillosas historias de casos, así que síguelas de cerca y trata de duplicar la técnica. La señora que me los dio no difiere de nadie de los presentes, pues Dios es hombre. Nosotros somos ese hombre. No me refiero a masculino/femenino, pues éstas son las prendas tejidas para que el hombre (el hombre genérico, que es Dios) las vista.

Esta señora dice: «Hace un año mi marido decidió vender nuestra casa. Yo no me preocupé por ello, pues sabía por vasta experiencia (habiendo vendido dos y comprado dos) que mi casa no podía venderse hasta que yo dejara de dormir mentalmente en ella. Pero le permití ejercer su derecho a venderla, porque es nuestra casa. Durante cuatro meses varios operadores inmobiliarios intentaron venderla. No se vendió y desistieron. Poco después decidimos que venderíamos la casa y compraríamos una más grande, con dos unidades bajo un mismo techo, para que mi madre y mi tía pudieran quedarse con nosotros y hubiera una sola factura de impuestos.

Decidí que tenía razón y entonces empecé a dormir en Imagination, en la zona de West Hollywood, y dormí así durante cuatro noches seguidas. Al quinto día mi marido pasó a ver a un amigo y conoció a un desconocido que quería una casa en las colinas, y lo trajo de vuelta para que viera nuestra casa. La recorrió una vez, la compró y pagó nuestro precio. En diez días tuvimos que irnos y mudarnos con mi madre.

A mi marido le gusta hacer las cosas de inmediato y por eso quería una casa nueva de una vez, pero ahora éramos cuatro adultos y queríamos una casa con dos salones separados, y sin embargo dentro de una misma zona, y con espacio para que ningún vecino nos respirara en la nuca. Además, tenemos diez gatos, tres perros y un periquito. Necesitábamos un lugar vallado para proteger a los perros. Dimos a conocer nuestros deseos a todos los operadores inmobiliarios del Strip, porque yo quería vivir al norte del Strip. Todos nos dijeron que estábamos locos.

Las agentes inmobiliarias se reían a carcajadas, y los hombres sólo ponían cara de tristeza. Dijeron que en aquella zona no había un lugar como el que queríamos, y que si lo hubiera podrían quintuplicar el precio que ofrecíamos, un precio que, según ellos, era ridículo. Les dije: No me habéis escuchado. Esa es la casa que queremos, y el precio. Además, la quiero completamente revestida por dentro. Ahora sabían que estábamos locos.

Esta señora empezó a dormir en su imaginación en una casa así. Entonces un día uno de los agentes le dijo a otro: Muéstrale el lugar en King's Road. (Esa era la zona donde ella quería su

casa.) El otro dijo: Sabes que la anciana nunca la dejaría.
Entonces esta señora dijo:

Entonces vamos a verlo para reírnos. Los agentes se mostraron
reacios, pero fueron. Entraron en la calle privada y la dueña de
la casa les condujo a través del lugar. Había una enorme
habitación de seis metros. Tenía paneles de secuoya y la señora
que quería comprar dijo: Nunca he visto una [habitación] más
hermosa, ni siquiera en sueños. La casa estaba en dos acres y
era como dos casas bajo un mismo techo. Había piscina, pero la
señora no quería piscina, sólo la casa.

Después de mirar el terreno y volver a entrar en la casa, se
asomó a un balcón que daba al comedor y miró hacia el salón y
vio a su marido de pie junto a la chimenea con su pipa y con una
expresión de completa satisfacción en el rostro. Entonces todos
volvieron a la oficina del agente, y el marido de la señora dijo:
Vamos a hacerles una oferta. Una agente dijo: ¡Perderé mi
almuerzo! y la otra dijo: ¡Olvídalo! Y entonces el marido de esta
señora se enfadó (cosa que rara vez hacía) y golpeó el escritorio
y dijo: ¿No es asunto suyo hacer la oferta que sugerimos? ¡Pues
hágala! Un tercer agente tomó la palabra y dijo Vayan despacio,
porque sé que el marido de esa vieja hace desear la muerte a
un operador inmobiliario.

Sin embargo, aceptaron hacer la oferta, continuó la señora.
Volvimos a casa y esa noche, después de acostarnos, habiendo
visto la casa en la Imaginación, me asomé a ese mismo balcón
sobre el salón y me agarré a su barandilla y volví a mirar a mi
marido de pie junto a la chimenea. Y entonces se quedó dormida
en ese acto imaginario.

Al día siguiente sonó el teléfono y el agente dijo: ¡Se ha
comprado una casa! Los propietarios dividieron la propiedad por
la mitad y se quedaron con la casa y un acre, justo lo que querían

y lo consiguieron al precio que habían ofrecido. Ella dice: Después de doce días de dormir en una casa de ensueño la compramos, y ahora vamos a vivir en una casa que los agentes inmobiliarios dijeron que no existía. Nuestra primera casa se vendió tras cuatro días durmiendo en otro sitio y la vendimos sin agente y nos quedamos con el cinco por ciento de comisión para la familia. Un completo desconocido pasó por ella una vez y la compró.

Así es como crea Dios. Así es como tú creas si sabes quién eres, porque tú eres Dios. No eres un pequeño gusano. Ahora se reúnen en Chicago en esta convención para decirnos que venimos de un gusano y que ahora estamos evolucionando. Dios no está evolucionando. El crea de la nada. El no hace algo y espera tener la inteligencia para mejorarlo. Léelo en la palabra reveladora de Dios, la Biblia. Todo es creado y lo que llamamos el mundo animal (que decimos que nos precedió) es el hombre mismo empujado hacia fuera, y como el hombre está cambiando, también cambian los animales del mundo.

Todo el vasto mundo exterior está muerto, y el hombre lo hace vivo. Lo sé por mis experiencias místicas. Sé que cuando congelo una actividad dentro de mí, se congela hacia fuera, y cuando la vuelvo a poner en marcha dentro de mí, se pone en marcha. Esta señora no vendió la primera casa hasta que dejó de dormir en ella. Y entonces, cuando se decidió por una casa más grande (a pesar de su problema de cuatro adultos, gatos y perros, y especial privacidad y al norte de la franja) la encontró. Yo digo que puedes ser lo que quieras ser y no necesitas más preparación que tu deseo. Esta señora fue mejor agente que los inmobiliarios que no pudieron vender su casa en cuatro meses, y se quedó con el cinco por ciento. Ella quería hacerlo [y] lo hizo, porque ella es toda Imaginación. Pero usted no lo sabrá hasta que lo pruebe como lo hizo ella.

Yo le digo que no hay nada imposible para ella, y no hay nada imposible para ti, porque Dios se hizo hombre para que el hombre pueda convertirse en Dios. Dios es el único actor. Sólo Dios actúa en todos los seres y hombres existentes. (Blake) Si yo re-acciono, ese es el lado pasivo o negativo, llamado Satanás, pero si yo actúo eso se llama Dios o Cristo. Si esta noche me voy a casa y concibo una escena que implique la realización de mi sueño y luego me pierdo en ella, sé que ningún poder del mundo puede impedir que se realice.

Hoy me ha llegado una carta pidiendo ayuda. No necesito estar al lado para ayudar a otro. No hay separación ni tiempo sin consentimiento. Haces que esto funcione para otro, no importa dónde esté. Esta carta era de Nueva York, hablándome de un buen doctor de allí. Tenía unos bultos en la cara y temía que fueran malignos, pero luego descubrieron que tenía la enfermedad de Parkinson. Este amigo me escribió para contármelo, y me dijo: ¿Puedes hacer algo cuando estás tan lejos? No estoy a 3.000 millas de distancia, porque todo está dentro de mí. Traje a este médico, en la Imaginación, ante mí y puse mi mano sobre su cara. La puse sobre una cara que no tenía ningún bulto. Sólo sentí una piel suave. Y entonces él y yo caminamos juntos y él no tropezó; él caminó como un hombre sano caminaría. Eso es lo que hice.

Ahora llega esta carta diciéndome que algo ha sucedido dentro de él. Estos bultos han desaparecido y ya no tiembla y ahora puede ir a su consulta de nuevo. Sin embargo, como médico sabe que su enfermedad es incurable. No lo es a menos que él lo crea así. Si hubiera fracasado aparentemente con él, no importaría, pues seguiría ejerciendo mi maravilloso talento. Si la siguiente carta hubiera dicho que él había muerto, no significaría que yo hubiera fracasado, porque hay mundos dentro de los mundos, y Dios no puede fracasar.

Todo lo que tenemos que hacer es imaginar y luego dejar que sea verdad. No puedo preocuparme por lo que digan los médicos. No somos gusanitos; somos de Dios, porque Dios se hizo su imagen y la hizo viva y se convirtió en un alma viviente, y luego la transformó en un espíritu que da vida. Pero si no te conviertes en un espíritu vivificante, no sabes que eres la causa de la vivacidad de tu mundo. Y entonces no puedes cambiarlo.

He aquí otra historia de la señora que compró la casa: Al entrar en un restaurante, vio unos vasos de agua de un color rosado poco común, y preguntó si podía comprarlos. Tanto el camarero como la anfitriona le dijeron que le sería imposible hacer negocios con la persona que hacía las compras para el restaurante, ya que era una persona muy desagradable. Además, dijeron que los vasos se fabricaban en el este y que el suministro era muy limitado. La señora se fue a casa, pero todos los días veía esos vasos en su mesa, ocho de ellos.

Un mes más tarde, ella y su madre estaban de nuevo en el restaurante, y había [una] nueva anfitriona, que se presentó y luego sacó el tema de los vasos y dijo que había oído que el comprador no vendería ninguno. Luego sonrió y se excusó, volviendo al momento con una caja, que entregó a esta señora. En ella no sólo había ocho vasos, sino el doble. Y eran gratis. Los dones de Jehová no tienen precio. Ella estaba dispuesta a pagar incluso un precio excesivo por los vasos, pero se los regaló.

Si sabes lo que quieres en este mundo puedes conseguirlo. Y que nadie te diga que eres un avaro. A los que te dicen eso no les importaría tener lo mismo para ellos. Así que desinterésate por completo de lo que diga la gente y sal a vivir una vida plena, maravillosa y rica, porque lo que quieres hacer lo puedes hacer si sabes quién eres. Todos sois Imaginación y la Imaginación es Dios, y sólo Dios crea.

Esta señora aprendió a usar la Puerta Occidental cerrada en la mayoría de nosotros que es el tacto. Ese era su secreto. Vio el aspecto de su marido junto a la chimenea la noche que recreó la escena, pero se agarró al balcón con la mano para demostrarse a sí misma que estaba allí.

Entonces, ¿qué desearías? No puedo insistir demasiado en el uso del tacto o de la Puerta Occidental. He visto a gente coger cheques imaginarios y tocarlos. Habían traído los otros sentidos de ver, y oír comentarios, etc. pero cuando habían traído el sentido del tacto funcionaba como un encanto, porque cuando traes el tacto abres la Puerta Occidental cerrada y entonces nada parece imposible. Si pudiera acurrucarme en una cama a 10.000 millas de distancia y luego ver mi mundo desde ese lugar, gravitaría allí.

Porque soy todo Imaginación, así que debo estar donde estoy en Imaginación. Aunque estoy físicamente aquí, si veo mi mundo desde ese otro lugar estoy allí, y si alguien es sensible podrá verme allí. He [sido] visto en puntos del espacio cuando estaba físicamente aquí pero deseaba ser visto allí. Estoy donde estoy en la Imaginación, así que si imagino que soy la persona que quiero ser y camino en ese estado como si fuera verdad, entonces todo en el mundo se apresurará para que así sea. Si sólo viviera en la Imaginación como deseo vivir en la carne, entonces todo lo que parece distante se unirá para hacerlo real.

Pruébalo en tu oficina, y si las cosas no están bien o como deberían estar, entonces supones que esta persona está actuando como debería y escuchas la conversación y lo que dirían si ahora fueran el tipo de individuo que quieres que sean. Y si mañana actúan como tú imaginas que actúan, ¿dónde está la realidad? Algún día te llegará.

Cuando el hombre cansado entra en su cueva entonces encuentra a su Salvador en la tumba. Algunos encuentran allí una prenda femenina y otros una masculina tejida con esmero. (Blake)

Pero eso no es el hombre. Dios es la realidad, y masculino y femenino es el vestido. Esto (el cuerpo) es la cueva, y esto es también la tumba de la que habla Blake. Aquí es donde Dios se acostó. Con Cristo estoy crucificado, y sin embargo vivo, pero no yo, sino que Cristo vive en mí, y la vida la vivo ahora por la fe del Hijo de Dios que me amó y se entregó por mí. Así pues, todo está entretejido en mí, pues Dios es el hombre eterno y yo soy él. Se teje en nosotros con fines educativos y en mi caso es masculino, pero eso no es el hombre. Viste ropas de hombre y mujer, pero eso no es el hombre.

Y luego Blake se dirige a Satanás:

Oh Satanás, es verdad que eres un zoquete; no puedes distinguir la vestimenta del hombre.

Llegará el día en que verás congelado este fabuloso mundo de vestiduras, pero al hombre no lo ves, porque tú eres ese hombre. Y te vuelves consciente de lo que quieres y entonces ves que el mundo entero es una respuesta infinita a ti. Así que, actives lo que actives, obtendrás la respuesta. El mundo tiene que responder después de que yo inicie la acción dentro de mí.

Esta noche tomas tu sueño y lo conviertes en algo noble, y creas una escena que implique el cumplimiento de tu sueño, y abres esa Puerta Occidental, que es el tacto. Hay un hombre aquí que hizo depósitos (mentales) en su banco. Conoces la historia de Archie Franklin. Fue mentalmente a dos bancos diferentes y pidió su saldo y oyó lo que le decían. Lo hizo tres veces al día durante dos meses.

Luego fue a Caliente y volvió con 32.000 dólares. Lo que ganó eran 3 dólares más que el depósito bancario que había sumado mentalmente. Yo no digo que vayan a Caliente, pero digo que se pongan en ese mismo estado y no dejen que nadie les diga que no es espiritual, porque mientras están diciendo eso, ya se están preguntando si pueden pedir prestado algo de ese cheque cuando ustedes lo reciban.

Todo en este mundo es creación de Dios y Dios es todo Imaginación. Incluso la ropa que vestimos, las sillas en las que estamos sentados, fueron una vez imaginadas y luego traídas a la existencia. Que nadie te diga que esto está mal. Los que te dicen que mates el deseo no han ido lo bastante lejos, porque si yo quisiera matar el deseo tendría que empezar por el deseo de no desear, y ¿adónde iría? ¿Hasta dónde?

Así que sal y haz lo que quieras y cumple tus sueños. Alguien sin formación académica te está diciendo esto. Me arriesgo a decirte que todo lo que dice la Biblia es verdad en un nivel superior, pero se revela en sentido figurado, y el hombre confundió la verdad literal con la metáfora. Yo no me arrastro sobre mi vientre y ninguna serpiente pequeña me habló, como dice en Génesis; sin embargo, lo que se quiere decir es verdad en metáfora.

La serpiente fue llamada la más sutil de todas las criaturas y representa la sabiduría del hombre, que toma todas sus artes y religiones para su propio glamour y las dedica al creador. Y entonces llega uno que nunca fue a ninguna escuela (Blake) y les muestra la realidad. Y ahora los que se creían tan sabios se arrastran figuradamente por el vientre en presencia de alguien como él. En la Biblia las cosas se cuentan en un nivel superior y se cuentan en metáfora, pero yo sé por experiencia mística cosas que no podría haber encontrado en ningún libro.

La afirmación: Hay que nacer de arriba o no se puede entrar en el Reino de los Cielos es un ejemplo. Es literalmente cierta, pero está contada en metáfora. El joven rico dijo: ¿Cómo es posible volver a entrar en el vientre de mi madre y nacer por segunda vez? Pero el vientre está abajo y no arriba. Habla del nacimiento del segundo hombre, el hombre espiritual. Desde el Génesis hasta el final del Libro, se dice que Dios creó todas las cosas y que dijo: Es bueno.

Siete veces lo repite: Es bueno - el número perfecto. Un día verás todo el vasto mundo, y dirás: ¡Es bueno! Y lo animarás. Sé que todo depende de la actividad que tiene lugar en el HOMBRE -y se escribe con letras grandes, pues las vestiduras son masculino-femenino. Tú eres el HOMBRE, este hombre genérico que es Dios. Todo el vasto mundo es el hombre empujado hacia fuera. No un hombre, sino el HOMBRE. Todo lo que contemplas aunque parezca estar fuera, está dentro, en tu propia maravillosa Imaginación de la que este mundo vegetativo no es más que una sombra. Es difícil en esta etapa pensar que tu mundo es una sombra, y que es proyectada por ti y tú la estás activando.

Cuando sueñes, no pienses que porque no parece haber un hecho que lo apoye, no puede venir. Llegará, así que sueña noblemente. Si quieres fama, tenla. Pero te sugiero que te sugieras a ti mismo que estás despertando y que puedes ver este mundo maravilloso congelado y a ti como el activador. Espero que muchos de vosotros tengáis el deseo de hacer lo que yo estoy haciendo y salgáis a contarlo. Primero probáoslo a vosotros mismos.

Aprendan el arte del arrepentimiento, que significa un cambio de opinión. Inténtenlo, e inténtenlo de nuevo, y prueben que un cambio en ustedes producirá un cambio exterior. Salid, probadlo y contádselo a los demás. Imagina lo que quieras imaginar y continúa imaginándolo hasta que te enfrentes a ello. No importa lo que te digan tus sentidos; si aprendes a vivir según esto no fracasarás.

Ten en cuenta que esto, el cuerpo, es sólo un vestido y un día te lo quitarás. Pero tú eres invisible, y cuando [estés] completamente despierto, te unirás a la Divina Sociedad y te convertirás en uno de los Dioses que crean. Recuerda que a cada momento Dios se engendra en nosotros y no puedes fallar.

Ahora entremos en el silencio.

GUÍA PRÁCTICA

-

EJERCICIOS PRÁCTICOS

1. Visualización Nocturna: Antes de dormir, imagina una escena que represente el cumplimiento de tu deseo. Detalla cómo te sientes, qué ves y qué escuchas. Repite este ejercicio cada noche hasta que la escena se sienta tan real que prácticamente la "vivas" en tu mente.

2. Imaginación en Acción: Durante el día, dedica 5 minutos a visualizar un momento futuro donde interactúes con alguien y recibas un comentario que valide tu deseo cumplido. Por ejemplo: "¡Felicidades por tu nuevo trabajo!"

3. Diario de Imaginación: Escribe diariamente cómo sería tu día ideal si ya hubieras logrado tu meta. Describe tus emociones y experiencias con detalle.

-

REFLEXIONES GUIADAS

1. ¿Qué creencias limitantes tienes sobre tu capacidad de manifestar tus deseos? ¿Cómo podrías desafiarlas?

2. Piensa en un momento pasado donde usaste tu imaginación de forma consciente o inconsciente para crear algo positivo. ¿Qué aprendiste de esa experiencia?

3. ¿Cómo influye tu entorno físico y emocional en tu habilidad para visualizar? ¿Qué cambios podrías implementar para fortalecer esta práctica?

-

CONCEPTOS DE PSICOLOGÍA POSITIVA

1. Resiliencia y Creación de Realidades Positivas: La capacidad de imaginar escenarios favorables puede fortalecer la resiliencia ante desafíos, ayudándote a mantener una visión optimista del futuro.

2. Gratitud y Manifestación: Practicar la gratitud diaria por lo que tienes y por lo que visualizas como cumplido aumenta tu vibración emocional y te alinea con tu deseo.

3. Fluir con el Proceso Creativo: El estado de "flow" descrito por Mihály Csíkszentmihályi puede integrarse al proceso de imaginación consciente, profundizando tu conexión con la experiencia creativa.

-

CITAS DE TEXTOS ESPIRITUALES

1. Biblia - Marcos 11:24: "Por eso les digo: Crean que ya han recibido todo lo que estén pidiendo en oración, y lo obtendrán." Esto resuena con la enseñanza de Neville sobre asumir el cumplimiento.

2. Bhagavad Gita 6.5: "El hombre debe elevarse a sí mismo por sí mismo. No debe degradarse. El ser es el amigo del alma elevada y el enemigo del alma degradada."

3. Proverbios 23:7: "Porque como piensa dentro de sí, así es él." Este principio refuerza la idea de que nuestra imaginación define nuestra realidad.

-

PERSPECTIVAS DE AUTORES RELACIONADOS

1. Joseph Murphy (El poder de la mente subconsciente): Murphy enfatiza el poder de la fe y la repetición en la reprogramación del subconsciente, en línea con la práctica de imaginar como si ya fuese real.

2. Florence Scovel Shinn (El juego de la vida y cómo jugarlo): Shinn describe cómo las afirmaciones positivas y el poder de la palabra pueden transformar las circunstancias, complementando el enfoque imaginativo de Neville.

3 Wayne Dyer (Tus zonas erróneas): Dyer promueve la importancia de cambiar pensamientos y creencias limitantes para manifestar una vida más plena, complementando las enseñanzas de Neville sobre cambiar desde adentro.

LA HISTORIA DE JUDAS

Neville Goddard
(04-12-1959)

Aquí te decimos que creemos que puedes ser lo que quieres ser en este mundo y que es mi propósito decírtelo. Si tengo momentos en mi vida que lamento, no en el sentido de un cambio de mentalidad como en la palabra arrepentimiento, aún así debo decírtelo. Puede que tenga momentos de pesar por haber mal usado este poder para cualquier propósito, pero es mejor que lo use mal, en lugar de no usarlo. ¿Cuántas veces uno se siente preocupado por el mal uso de este principio? Sin embargo, es mejor utilizarlo mal que enterrarlo, incluso es por el mal uso que aprendemos, aunque sea dolorosamente. En la historia de los talentos, fue sólo el que no lo usó el que fue condenado.

Estamos viviendo en un mundo que es como una obra de teatro y algunos parecen desde el nacimiento ser elegidos para desempeñar un papel difícil, y sin embargo te dicen que Dios es Amor infinito. Pero Él es el dramaturgo y el director de casting, porque esto es una obra de teatro. Como dice Shakespeare, "Todo el mundo es un escenario y todos los hombres y las mujeres simplemente jugadores. Tenemos nuestras salidas y nuestras entradas y un hombre en su tiempo juega muchos papeles."

Pero ese "tiempo" no son 70 años, es el tiempo que lleva despertar a ese hombre, el actor perfecto o Dios. Así que juego cada papel, pero jugar cada papel no significa que interpreto a cada hombre o mujer en el mundo. Hay miles de millones de actores, pero sólo un número limitado de papeles, y cada papel tú y yo debemos interpretar. La figura central, la estrella, es Cristo, y toda la obra es acerca de Cristo, desde el Génesis hasta el Apocalipsis, pero hay muchos papeles que la revelan. Hay doce personajes principales (los 12 discípulos), y los veinticuatro ancianos, y el Sumo Sacerdote Caifás y su oponente político, Pilato. Estos están en todas las épocas y en todos los tiempos.

El objetivo de la obra es despertar en nosotros al actor, Dios. Estos personajes de la Biblia no son personas: Nunca caminaron sobre la tierra como personas. Interpretamos a todos los personajes, pero no viven más de lo que vivió Hamlet. Cuando Olivier interpreta a Hamlet, Hamlet no puede hacer nada más que lo que hace Olivier, y luego Olivier si lo desea puede jugar otro personaje. Los personajes son los estados eternos del Alma, pero debemos aprender a distinguir al hombre de los personajes que interpreta. Los personajes son reales en la eternidad y asumimos el personaje y lo jugamos en esta esfera. Decir que todo en este mundo es una obra de teatro molesta, pero quiero que lo creas.

Esta noche quiero discutir el más difícil de todos los personajes, y si se te preguntara te negarías a interpretar ese papel, pero es el más importante, ya que hasta que no sea interpretado, Cristo no puede despertar dentro de ti. Es el personaje de Judas. La gente dice que es el traidor, pero para poder traicionar debo guardar el secreto. Así que te traiciono y te pongo en manos de tus enemigos.

Yo te revelo, porque eso es lo que significa "traicionar". Sólo el que conoce a Dios puede revelar a Dios. Sólo Judas no dejó a Jesús en el jardín. Los otros lo abandonaron, pero Judas permaneció para revelarlo o traicionarlo, y luego Judas se suicida.

Pero se nos dice: "Ningún hombre me quita la vida, sino que yo la dejo." Entonces, ¿quién es Judas? Hasta que ese personaje se juegue, Cristo no se despierta en la mente del hombre. Él revela a Dios. Entonces se arrepintió cuando descubrió que aquellos a quienes él reveló al Señor lo escupieron y lo injuriaron y lo condenaron. No significa sobre un hombre, es un simbolo. Pero digo que llegará el momento en que no te arrepentirás, aunque estarás concernido por las consecuencias de tu acto. La palabra sólo es traducida seis veces en esta forma. Pablo escribió una amarga carta a los corintios y dijo: "No me arrepiento ni cambio mi actitud hacia usted." Y en otra ocasión, cuando Jesús es nombrado miembro de la orden de Melquisedec, dice: "No me arrepiento." Pero en este caso, cuando Judas revela al Señor al mundo, se arrepiente, porque ve lo que hicieron con el conocimiento.

No es acerca de algo hecho a un hombre, porque Cristo es invisible, porque Él es el Señor y el Señor es espíritu y el espíritu no tiene forma. Usted le dice al mundo quién es Él, como la Realidad Invisible del hombre, y luego, cuando ve que ellos escupen en su cara, figurativamente, entonces tú estás concernido por las consecuencias de tu traición a la identidad de Dios.

Judas no es un hombre más de lo que Cristo es un hombre. Cristo es la Realidad Invisible, y todos los demás son estados, y nos movemos hacia los estados. Pero cuando eres elegido para el papel de Judas, estás al final de la obra y la obra ha terminado. Traicionas la identidad del Poder Creativo del universo y luego "te suicidas", te ahorcas en un árbol. Al traicionarlo, se convierte en el ser que él traiciona.

Ahora Judas viene de la misma forma que la palabra Judah. Significa la mano. Es el primer símbolo en el nombre de Dios, o el símbolo hebreo "Yod", la mano de adoración, la mano del

Creador. Entonces el segundo nombre de Judas es Iscariote. "Is"
significa "Hombre", "Cariot" significa "poner madera" o "el
carpintero". Entonces Judas traiciona al Señor, porque nadie lo
conoció, pero Judas les dijo, "cuando lo bese lo conocerás". Y
sin embargo, Jesús les había dicho: "He estado contigo tres años
y ¿tú no me conoces?" Los otros corrieron cuando fue arrestado,
pero el que lo conocía lo besó y dijo: "No lo dejes ir", y esa es tu
imaginación, porque ese es Cristo. No hay otro. Cristo en el
hombre es la propia maravillosa imaginación humana del
hombre, y con Cristo todas las cosas son posibles.
Entonces puedes tomar esta revelación y salir y ser lo que
quieras ser. Si uso este poder, salgo y me aprovecho de otro,
significa mi mal uso de lo que acabo de escuchar. Pero el que te
lo dice y luego ve lo que haces con él, a menudo se arrepiente.
Así que la historia te cuenta que le escupieron a él -no a un
hombre, pues quién puede escupir a la Imaginación- sin saber
que no hay otro: Todos somos uno. Esto es escupir a Cristo o
ponerle rayas. No en su cuerpo, porque es invisible, porque mi
Padre es espíritu y el espíritu es invisible.

Así que el más difícil de interpretar es el de Judas, o el traidor, y
si el dramaturgo hiciera el casting de la obra nadie se ofrecería
a interpretarla. Pero uno tiene que salir y "traicionar" a Dios
diciendo su identidad, y en la medida en que pueda hacerlo lo
demostrará a través del comportamiento de aquellos a quienes
se lo diga. Porque todos los personajes de la Biblia son
verdaderos como estados y viven para siempre. Dios envía a sus
hijos a través de estos personajes como actores para que al final
de los tiempos Él pueda despertar a estos actores como Él
mismo.

Tú eres infinitamente más grande que cualquier personaje en la
Biblia, porque son estados, pero hay otro que no es un estado y
ése es Cristo, y está siendo despertado en ti. Cristo es Dios y
está despertando en cada ser en el mundo. Él ha preparado una

obra de teatro para despertar a cada niño nacido de mujer, y para crear como su Padre tiene que pasar por cada experiencia, y todas están escritas en la Biblia.

Así que están los doce y los veinticuatro, y siempre existe el poder político, y el poder religioso, y los sabios, llamados saduceos, y aquellos que se ajustan a lo que creen que los hará importantes en los ojos de los hombres, los fariseos. Luego están aquellos que tienen talentos mecánicos, puedes tomar de las obras inspiradas de un Shakespeare o un Blake y escribir muchos libros, pero no pudieron escribir un pensamiento que sea original, y ellos son los Escribas. Luego está "la multitud", que saluda al héroe hoy y luego lo apedrea al siguiente.

Entonces los once no podrían suicidarse o, en otras palabras, dejar todo lo que habían escuchado sobre la causalidad. Eso es todo lo que previamente pensaste que debes dejar ir y morir y vivir sólo para Cristo. Y entonces lees la declaración de Pablo de que viene a enseñar una sola cosa, y la obtuvo de la revelación. Ésta es verdad: Viene a través de una visión, pero luego los Saduceos se reirán de ti.

Nosotros tenemos esto ahora en nuestro entorno mientras hablan de la evolución, y el mundo lo ha aceptado, sin embargo se me dice que Dios creó todas las cosas y las llamó buenas y maravillosas. Todas fueron actos distintivos de la creación. No tengo nada que ver con nada menos que el hombre, pero todo

lo que sea menos que el hombre sólo da testimonio de lo que yo soy. No evolucioné a través de todos los animales. Eso es cierto sólo en lo que se refiere a los asuntos humanos. Veo que se mueve de la canoa al transatlántico; del arado al tractor, de la cueva al palacio.

La evolución está sólo en los asuntos de los hombres. El pájaro construye su nido tal como lo construyó por primera vez y es fijo y perfecto, pero las cosas de la forma evolucionan. Pero esto no es el hombre, este cuerpo, es sólo la máscara (Persona). Yo soy todo Imaginación y uso esta máscara hasta que haya pasado por todos los papeles, y luego soy Él, porque el propósito de la obra es para despertarnos, "porque sólo Dios actúa en todos los seres y hombres existentes". El propósito de la obra es para hacernos actores, incluso malos. Si somos malos, el que revela el secreto se arrepiente, aún así él no lo cambiará.

Se nos dice que cuando Judas vino y besó a Jesús, Jesús le dijo: "Amigo, ¿por qué estás aquí?". Los traductores no se atrevieron a creer la traducción, así que lo pusieron en la nota al pie: "Lo que tienes que hacer, hazlo." La traducción real es: "Lo que debes hacer, hazlo rápido". Tienes que hacerlo. Tienes que decirle al mundo quién es Dios y que Él es la Imaginación, pero el traductor usó la frase: "¿Por qué estás aquí?"

Todo el mundo es un actor despertando, así que les digo a todos que están jugando todos los papeles, y espero que empiecen a interpretar el papel de Judas. No viniste a jugar sólo un papel. Todos juegan muchos papeles. Puedes, si quieres, deslizarte a este papel de Judas. Podrías jugar Caifás o Pilato por siempre, y pensar que la causalidad es externa, o que está en manos de los poderes políticos o religiosos, o de las grandes universidades.

Hasta que llegue (Nota del editor: La comprensión de la verdadera causalidad), usted no lo sabe, pero yo sé quién soy y quién es usted. Cada ser es Dios en diferentes estados, todos jugando estos maravillosos papeles, pero cuando él despierta, él es Dios, y no importa lo que haya hecho, él es perdonado. Cuando él despierta, él es blanco como la nieve, sin importar cuán escarlata sea.

Te pido que tomes esta revelación de Dios, quien es tu maravillosa Imaginación humana. Eso es lo que Judas te dice, y yo estoy jugando su papel. Él no es un hombre sino un estado en el cual he entrado deliberada y concientemente, porque nadie puede traicionar a Dios a menos que sepa el secreto.

En Corintios se nos dice: "¿Quién conoce los pensamientos del hombre sino el espíritu del hombre que mora en él?" ¿Quién podría revelar o traicionar a Dios, sino el que conoce Su secreto? Pero si lo conoces y lo pruebas y lo demuestras, entonces tienes el encargo de salir y traicionar a Dios. Sales y traicionas el secreto de la creación. "Luego fue y se ahorcó en un árbol." Este cuerpo es un árbol. Él vino a hacerlo y tenía que hacerlo, pero luego se horrorizó del uso que le dieron a este secreto que vino a contar.

Entonces la siguiente etapa es despertar completamente como Cristo. "Todavía no sabemos cómo seremos, pero cuando lo veamos lo conoceremos, porque seremos semejantes a él." Serás como el mismo Ser que te enviaron a traicionar. Todos aquí interpretarán a cada personaje en la eternidad. No me refiero a personas. Van a ir a través de todos los personajes, los personajes son estados eternos.

Hay que distinguir al hombre, que es todo imaginación, de su estado actual. Puedes perdonarle cualquier cosa sabiendo que está jugando un papel escrito para él por Dios. Todos somos jugadores en el juego de Dios. Puedes volver atrás y ver los papeles que has estado jugando desde la cuna hasta ahora. Si te diesen la visión, ahora, en este momento, verías en forma humana el estado que estoy jugando. Lo veríais y, sin embargo, no es un hombre, sino sólo un estado. He visto a gente discutiendo y sobre ellos se ven figuras en disputa. Sólo están jugando estados y al perdonar y dar la mano, éstos se desvanecerían.

Un caballero se sentó aquí la otra noche y me escribió: "Cuando comenzaste a hablar, vi por encima de tu hombro a un patriarca, quien llevaba el sombrero negro y las túnicas de un sacerdote. No sé quién era, pero

siento que es una gran inspiración para ti." Esto es cierto, porque entré en cierto estado (estaba hablando de la piedra fundamental) y ese estado fue personificado como un hombre. Te estaba diciendo que la piedra angular de todo es Imaginar y no dejar eso e ir en busca de otra base. Y aquí este caballero vio a un ser que para él era un patriarca expresando lo que yo decía. Sé que es verdad, porque nunca estoy solo. Pero tú eres infinitamente más grande que el estado, pues eres un viviente Centro de Imaginación. Puedes moverte por todos los estados; no eres el estado.

Ellos construyen iglesias para Pedro, o para Juan, etc.. Ellos están siendo construídos sólo para los estados, y los estados están eternamente muertos hasta que el Hijo de Dios les dé vida. Cuando ingresas al estado de contención, entonces está vivo, pero si no estás en el estado de contención, está muerto. No construyen iglesias para Judas. Viví en una pequeña isla y la dividieron en once parroquias, llamadas así por los discípulos, pero no hay Judas.

Mis antepasados no sabían que él era el más importante, ya que sólo él podía descubrir a Dios y traicionarlo. Llaman a uno que traiciona a un amigo un Judas. Pero en Mateo 26, Jesús lo llama "amigo" y luego dijo: "Lo que tienes que hacer, hazlo rápidamente." Él no llamó amigo a los demás. Él llamó a Pedro, "Satanás", pero a Judas le dijo: "¡Bésame!"

Y a menudo aquellos a quienes se revela el secreto comienzan a usarlo incorrectamente. Descubren que la Imaginación crea

Realidad, y que les desagrada alguien, imaginarán algo malo y, por su misma intensidad, lo harán realidad. Puedes usar esto de una manera horrible, entonces nos dicen que se arrepintió o que estaba profundamente concernido por las consecuencias de su acto.

Tú puedes ser lo que quieras ser en este mundo, y los que se apartan de esta verdad son sus enemigos y no la conocen. Millones de personas retrocederán ante ella, pero eso está bien porque aún no han llegado al punto en que puedan ser elegidos para el papel en el que la tomarán y saldrán a traicionar a Dios.

Tú puedes traicionar a Dios sólo revelándolo a Él. No lo conocerás a Él a través de alguna cosa que los escribas o los fariseos te digan, sino sólo por revelación interna. Y cuando tú estés completamente persuadido irás y lo contarás. Entonces, cuando llegue el día de cerrar este ojo y quitarse esta máscara, despertarás entre aquellos gigantes quienes están despiertos. Pero ninguno fallará, porque todos en la eternidad finalmente despertarán. Así que si tengo que interpretar un papel una y otra vez hasta ser enterrado en el papel, yo seré enterrado hasta que aprenda que yo soy el actor y no el papel que yo estoy interpretando.

Isaías 40:6-8... parece tan extraño que el libro que forma el fundamento de la obra debería hacer esta afirmación: "Toda carne es hierba, y toda su belleza es como la flor del campo. La hierba se seca, la flor se desvanece, pero la palabra de nuestro Dios permanecerá para siempre." Y la "Palabra" es la obra desde el Génesis hasta el Apocalipsis. Si tomaste todas las Biblias y las quemaste, la obra permanece a pesar del registro escrito.

Escuchamos mucho acerca de la bondad, pocos pueden definirla, ya que no hay dos edades que tengan el mismo concepto. No te enseño a ser "bueno", sino a ser creativo al expresar este gran talento. No lo entierres aunque, al usarlo, cometas errores. Pruébalo en tu propia vida y luego sal y di a otros. Ningún sacerdocio podría enviarte o tener el poder de enviarte. No hay agua bendita que te envíe.

Tú eres enviado por Dios y Dios es espíritu. Así que si te sientes movido a hacerlo no dudes, y si cometes errores y me entero de ellos puedo sentir por un momento que desearía que no lo hicieses, pero no me arrepentiré realmente de haberte hablado de la identidad de Dios. Tu imaginación humana es Dios y es una con -eso- que sostiene al Universo. Cuando lo ves, sales y lo traicionas, o lo revelas. Judas significa "mano" y eso viene a ser la primera letra del nombre del creador: Yod He Vau He

Nos dijeron que Judas traicionó a su Señor por treinta piezas de plata y luego se dice que se las devolvió al sacerdote. Ellos compraron el campo del alfarero. Éso significa "hacedor". Aparece 62 veces como "hacedor": Sólo se usa unas pocas veces como "alfarero". Eso significa "hacedor" en el sentido de uno que es artesano, como un orfebre o un platero. Significa que el individuo es un hacedor. Así que tomó la plenitud del precio de Dios, porque 30 significa "plenitud". Revisó todos los hornos, ya que nadie que jugara a ser Judas podía saltarse uno. Así que pagó el precio. Y luego se lo entregó al alfarero. Debería haberlo entregado al platero. Pero la misma palabra traducida como platero también se traduce como alfarero.

Yo pagué el precio completo para descubrir que mi Imaginación es Dios y luego muero a todo lo que creía antes y luego se lo cuento a la población, y luego esto hace que ellos lo nieguen y "escupan" sobre él, etc. No tiene nada que ver con cualquier cosa que tenga lugar en la tierra. Sal, piensa en ello y decide convertirte en la persona que quieres ser. Luego traiciona este secreto y cuéntales a los demás lo que has descubierto.

Imagina las cosas más hermosas en este mundo para ti o para otro. Así que vamos ahora al silencio y cuando lo rompas, sabiendo que Imaginar es Dios, no permitas que nadie te persuada de que hay otra causa para los fenómenos. Pasa por estas puertas sabiendo que es así y entonces no te impacientarás, sino que lo dejarás ser así, porque Dios crea la Realidad. El Padre camina por el mundo conmigo y yo no lo sé. No sé si la actividad imaginaria es la causa de lo que aparece en mi mundo.

Ahora vayamos al silencio.

GUÍA PRÁCTICA

-

EJERCICIOS PRÁCTICOS

1. Revelar a Dios en Ti: Reflexiona sobre un área de tu vida en la que deseas cambio. Usa tu imaginación para verte viviendo ese cambio como una realidad. Siente las emociones que tendrías y agradece por ello. Este ejercicio ayuda a conectar con el "Cristo" interno.

2. Perdón y Reconocimiento: Identifica un momento en el que hayas "traicionado" tus propios principios o ideales. Reconócelo sin juicio y visualiza cómo puedes rehacer esa situación, alineándote con tus valores más profundos.

3. Transformación del Rol: Elige un "rol" que sientes que estás interpretando actualmente (como víctima, luchador, etc.) y usa tu imaginación para cambiar a un rol que prefieras (como creador o triunfador). Habita en ese estado emocional y visual por unos minutos diariamente.

-

REFLEXIONES GUIADAS

1. ¿Qué papel sientes que estás interpretando en tu vida actual? ¿Cómo podrías cambiar tu percepción para interpretarlo desde el poder creativo que reside en ti?

2. ¿Cómo reaccionas al concepto de que tu imaginación es la fuente de toda creación? ¿Qué resistencias o creencias emergen?

3. ¿Qué emociones surgen al considerar que Judas, simbolizando la "traición," es en realidad una llave hacia el despertar interno?

-

CONCEPTOS DE PSICOLOGÍA POSITIVA

1. Autocompasión y Aprendizaje: Según Kristin Neff, la autocompasión ayuda a procesar errores como oportunidades de aprendizaje, similar a cómo Neville describe el mal uso de la imaginación como un paso hacia el entendimiento.

2. Resiliencia Psicológica: El acto de asumir roles y aprender de ellos fortalece la resiliencia, ayudándote a navegar desafíos como parte del crecimiento personal.

3. Identidad y Crecimiento Personal: Cambiar conscientemente tu rol en la "obra" de la vida fomenta un mindset de crecimiento, una idea central en la psicología positiva.

-

CITAS DE TEXTOS ESPIRITUALES

1. Mateo 26:50: "Amigo, ¿a qué vienes?" Jesús llama a Judas "amigo," reflejando que incluso la traición forma parte del plan divino y es esencial para el despertar.

2. Juan 13:27: "Lo que vas a hacer, hazlo pronto." Esto resalta la inevitabilidad de asumir ciertos roles para la realización del propósito espiritual.

3. Gálatas 2:20: "He sido crucificado con Cristo, y ya no vivo yo, sino que Cristo vive en mí." Esto subraya la unidad entre el individuo y la divinidad revelada.

\-

PERSPECTIVAS DE AUTORES RELACIONADOS

1. William Shakespeare: "El mundo entero es un escenario, y todos los hombres y mujeres son meros actores." Este concepto teatral se alinea con la visión de Neville de la vida como una obra en la que asumimos diferentes roles.

2. Carl Jung: Jung exploró cómo los arquetipos, como Judas, representan aspectos del inconsciente colectivo, que debemos integrar para alcanzar la individuación.

3. Joseph Campbell (El Héroe de las Mil Caras): Campbell describe el viaje del héroe como una serie de pruebas y traiciones que llevan al protagonista a la auto-realización, similar al papel de Judas en el despertar espiritual.

¿DÓNDE TE HOSPEDAS?

Neville Goddard
(26-02-1965)

El hombre (¿el hombre interior?), que se sitúa antes porque era antes. Él va a quitar el pecado del mundo. Entonces vino éste y lo reconoció exteriormente y dijo: «He aquí el cordero de Dios». Y los dos discípulos que le oyeron le siguieron. Entonces Jesús se volvió, vio a los dos y les preguntó: «¿Qué buscáis?». Y ellos le respondieron: «dónde te hospedas». Este es el tema de esta noche. ¿Dónde os hospedáis?

El hombre es el Arca de Dios. Y como el Arca TODAS las cosas existen en la imaginación humana, que es la realidad del hombre. El verdadero ser del hombre es su propia y maravillosa imaginación humana. TODAS las cosas existen en la imaginación humana. Cuando se nos dice que el Arca esta construida en 3 niveles. La cubierta inferior, la segunda y la tercera. El físico, el psicológico y el espiritual. Donde vives fisicamente- eso es facil de descubrir; me lo digas o no, yo podria facilmente averiguar donde vives. Dónde vives psicológicamente es más difícil. Pero te diré dónde vives psicológicamente. Ese estado de conciencia al que regresas con más frecuencia constituye tu morada psicológica. Puedes vivir en un palacio físicamente y habitar en un pozo negro psicológicamente.

Pues bien, ese estado de conciencia -puedes tener una fortuna- y noche tras noche temes perderla. Ahí es donde vives, en el estado del miedo. Puedes no tener nada y sin embargo vivir noche tras noche en el estado de opulencia. Ahí es donde vives psicológicamente. Pero te diré- tú y yo vivimos espiritualmente en el mismo lugar. Vivimos como un solo hombre; contrayendo nuestros infinitos sentidos contemplamos múltiples. O expandiéndonos- contemplamos uno. Como un hombre, TODO- el hombre universal. Y a ese hombre lo llamamos Jesús. El Cristo. Y él en nosotros, y nosotros en él- vivimos en perfecta armonía en el Edén. La tierra de la luz. Puede que no lo sepas, ¡pero nunca lo dejaste! Nunca dejaste la tierra de la luz, esa perfecta armonía.

Y sin embargo, aquí en este mundo fragmentado parecemos estar en conflicto unos con otros. Aquí estamos todos luchando unos contra otros y sin embargo somos el único hombre. Y a ese hombre lo llamamos en las escrituras Jesus- El Cristo. Les digo esto porque lo sé. No estoy especulando, no estoy teorizando, te estoy diciendo lo que sé por experiencia. Tú y yo somos más uno que los dedos de tu cuerpo. Somos verdaderamente un solo ser. Sólo hay un ser en el mundo; llámalo Jesús El Cristo, llámalo Dios, llámalo como quieras. Esa unidad, eso es lo que somos. Cuando el poeta dijo: «Aférrate con ambas manos a ese amor real que es el único que, como sabemos con certeza, restaura la fragmentación en el verdadero ser». Aférrate a él con todas tus fuerzas, porque al final descubrirás que tú y yo somos uno.

Sin pérdida de identidad somos uno. Ahora te aseguro cómo lo sé. La historia, tal como se cuenta en el Evangelio, es la historia eternamente verdadera, pero no como la ve el mundo. Hemos confundido los estados eternos de conciencia con personas. Y sólo hay personificaciones, y hemos tomado la personificación por la persona. Los estados espirituales del alma son todos eternos, distinguidos entre el hombre y su estado actual. Somos el plural que pasa por los estados desde el principio hasta el fin. El punto culminante de los estados se llama en la Escritura Jesucristo.

Aprende a distinguir entre el Hombre, el plural, pasando por estados y el estado en que se encuentra en ese momento presente. Pues pasa por esos estados en forma de sueño. Está soñando el mundo. Tú y yo debemos soñar el sueño de la vida. Y parece tan sólidamente real y tan completamente independiente de nuestra percepción de él, y sin embargo todo es un sueño. Y estamos a través de estos estados. Los estados son permanentes. Pero nosotros somos el plural que pasa por los estados. Ahora, cuando cerré hace un mes, el día 11 de diciembre, conté la historia de una niña. Algunos de ustedes estaban presentes, no todos, así que para el beneficio de ustedes que no estaban presentes permítanme contarlo de nuevo.

Ella tenía entonces sólo 8 años; ha cumplido años recientemente y sin duda, ahora tiene 9, pero tenía entonces 8 cuando me escribió esta pequeña carta. Y ella me dijo en su carta si puedo citarla correctamente esta es su carta, ella dijo, «Querido Neville, adivina que, tu estabas en mis sueños otra vez. Me llevaste en un avión a Francia. Y cuando bajamos del avión en el aeropuerto toda la gente gritaba, 'Neville, O Neville está aquí para ver al Rey otra vez', y luego cuando llegamos a la ciudad gritaban lo mismo. Y yo estaba asustado, así que te cogí de la mano tan fuerte como pude. Y luego me llevaste a una sala enorme, al final de la cual había un trono que llegaba hasta el techo.

Y todo estaba cubierto de terciopelo rojo, y sentado en el trono estaba el Rey, y llevaba una corona y una capa roja. ¿Y sabes qué? Eras tú. Así que volví a mirarte para ver el parecido; ¿y sabes qué? Empezaste a desvanecerte; y cuando te desvaneciste, el Rey me dijo: «Ven, acércate». Así que me acerqué al Rey y le cogí la mano tan fuerte como a ti. Pero, ¡claro que eras tú! ¿Y sabes qué? Él también se desvaneció. Pero luego llegué a casa sana y salva y así terminó el sueño». Entonces firmó con su nombre Maylo, Maylo McAssey.

Su madre no estaba esa noche, pero sí su abuela. Así que cuando volvió a casa, llamó a su hija y le dijo: «Neville ha contado el sueño de Maylo esta noche». Y la madre se sintió tan sobrecogida que no pudo resistir el impulso de ir al dormitorio y despertar a Maylo, cosa que hizo. Ella fue a su cuarto y sacudió a Maylo y Maylo despertó de este sueño profundo desconcertada y ella dijo, «Neville contó tu sueño esta noche, el sueño sobre el rey». Y la niña miró a la pared como si ahora fuera un monólogo y dijo: «Se me ha aparecido 3 veces. Primero como un hombre, luego como el Rey y ahora aquí como Jesucristo el Señor». Luego se vuelve y mira a su madre y dice: «Es el Hijo de Dios».

La madre se enfrió, la arropó de nuevo en la cama, la besó y le dijo: «Buenas noches, duérmete». Luego me dijo en su carta: «Me retiré al salón y estuve temblando durante más de una hora». Esa es la confirmación que esperaba desde que la experiencia de Cristo despertó en mí. Es la experiencia que todo ser de este mundo al que le va a suceder y va a tener. Sólo hay Dios en el mundo. Y cada ser en el mundo experimentará la historia la historia de Jesucristo y sabrá que él es el Señor Jesucristo y no hay otro.

Se te dice en las escrituras «Solo una persona supo que era el Cristo hasta que partió de este mundo». Y esa persona se llamaba Pedro, y ahora si yo dijera Pedro tu pensarías en un hombre con barba, un anciano, porque hemos hecho cientos de millones de fotos de Pedro y están por todas las paredes de aquellos que creen en la historicidad de las escrituras y no es historia secular. Pero lo hemos hecho. Ahi estan en las paredes y la gente les reza. Y se persignan ante estas imágenes y esperan tener suerte. Se te dice «En Cristo no hay esclavo, ni libre, ni griego, ni judío, no hay hombre ni mujer».

Todos somos una sola persona en Cristo. Pedro es un estado de conciencia. Jesucristo es un estado de conciencia. TÚ eres la realidad que se mueve a través de todos estos estados, y el clímax de todos estos estados es Jesucristo. Lo hemos personificado y luego hecho una imagen de él y adorado la personificación sin saber que tú mismo eres la realidad moviéndose a través de todos estos estados. Una niña de 8 años entró en el estado. Ese estado de conciencia personificado en las escrituras como Pedro, una niña de 8 años entra en él. El acto fue instantáneo, y ella pudo resistir la confesión, registrada en la escritura concerniente a la confesión de Pedro.

Porque se le pregunta: «¿Quién dicen los hombres que es el hijo del hombre?» y ellos contestan: «Unos dicen que Juan el Bautista, otros que Elías, otros que Jeramías o alguno de los profetas» y entonces dice: «Pero, ¿quién decís vosotros que soy yo?» y Pedro contesta: «Tú eres el Cristo, el hijo de Dios vivo» y dice: «Bendito seas, hijo de Juan» Porque esto no lo aprendiste de hombre mortal, sino que te fue revelado por mi padre celestial. Es la revelación desde lo más profundo del alma del hombre, el Padre. Y aquí la niña, de sólo 8 años, hace la confesión: «Se me ha aparecido 3 veces: primero como hombre, luego como Rey y ahora aquí como Jesucristo El Señor. Él es el hijo de Dios». Puede que te avergüence oírme afirmar esto desde esta tribuna y pienses «qué arrogancia, qué blasfemia». No me importa lo que pienses, pero te diré una cosa: tú también vas a tener esta misma experiencia.

No hay nada más que Dios en este mundo. A pesar de todo el horror que nos rodea no hay NADA más que Dios. Él concibió la obra y él, y sólo él, interpreta todos los papeles. Su nombre por siempre jamás es YO SOY. Antes de que puedas decir estoy mal, primero debes decir Yo Soy, antes de decir estoy mal. Soy feliz, antes de decir feliz, dices Yo Soy. Ese es su nombre por siempre y para siempre. Es la raíz, su ser esencial, y no puede alejarse de él. Pero estás soñando. Estás soñando el papel que ahora interpretas.

Llegará el día en que despiertes. Y cuando despiertes pasarás por todas las experiencias descritas en las escrituras como las experiencias de Jesucristo. Y sabrás por las experiencias quien eres. Pero tu testimonio no sera aceptable. Porque tu testimonio es interno y no puede ser aceptado. La escritura es externa, así que tienes la palabra escrita en la escritura. Tu sabes que tus propias experiencias son paralelas a todo lo dicho en las escrituras- ¿pero puedes convencer a alguien en este mundo? Porque se nos dice que nadie puede dar testimonio de si mismo. No es aceptable- el cargo no puede ser sostenido si solo una persona aparece como testigo. Si dos o más testigos coinciden en el testimonio es concluyente.

Dices que he tenido estas experiencias pero es algo interno, y por lo tanto no es aceptado por el mundo porque es invisible. Tienes el testigo interno y ahora esperas el testigo externo. Y el unico que realmente vio esta registrado en las escrituras como Pedro. ¡Cómo sé que el estado, es que las palabras se convierten en sus palabras, un niño pequeño! Ahora la madre no toma estas conferencias en cinta. El niño pequeño no está aquí en estas conferencias. No sabe nada de ellas. La niña va a su escuelita; su madre está ocupada; tiene 3 hijos. Así que no es que ella esté enseñando a la niña. Ella la despertó de su sueño profundo y el acto es instantáneo cuando Dios se revela. Y la niña puede hacer la confesión como se dice en el capítulo 16, el versículo 16 de Mateo. «Tú eres el Cristo, el hijo del Dios vivo».

Ahora el hombre mortal de carne y hueso no te ha enseñado esto. No lo aprendiste del hombre. Te fue revelado por mi padre celestial y bendito seas Simón hijo de Juan. Ahora sobre esta roca edificaré mi asamblea. No es sobre Pedro, no es sobre la niña. Es sobre la confesión. Ahora Pablo hace esa confesión, «El que ha estado esperando para cuando parta en un futuro no lejano se quite esta vestidura mortal por última vez entonces aparecerá una vez más y primero a Pedro» como se nos dice en el capítulo 15 de los primeros Corintios. Primero a Pedro y luego a los doce. Se dice que a los doce a la vez, pero a los doce. Y luego a más de 500 a la vez.

Los 500 no estaban todos en este mundo. Algunos habían partido de este mundo. Sin embargo, se apareció a más de 500, algunos de este lado del velo, la mayoría, y algunos de aquel lado del velo. Pero cuando se quita el manto por última vez, es el Padre. Y el Padre no sólo está por encima de todo, sino que está a través de todo y en todo. Por lo tanto omnipresente. E inminente. Y por lo tanto en todo el mundo ya sea visible aquí en lo que llamamos el mundo vivo o el mundo invisible, todo es el mismo mundo. Ese mundo es terrestre como lo es éste. Aparecerá en seguida a su elección, 500 más. Porque al ser omni presente simplemente se desvela y el acto es instantáneo. Y ellos sabrán que él es el que dijo ser mientras estuvo aquí. Y entonces se aparecerá a Santiago. Santiago era su hermano que negó ser el Padre del niño. Y luego a los apóstoles.

Y por último, como a un intempestivo, se aparece a Pablo. Pablo es un estado de conciencia. Todos estos son estados de conciencia. El último es a ese estado llamado Pablo. Porque en ese estado eres incorporado al cuerpo del señor resucitado. El te pedira que nombres la cosa mas grande del mundo cuando estes en ese estado, y estes ante el señor resucitado solo hay un ser. Y responderás con las palabras de Pablo: «Fe, Esperanza y Amor. En ese momento el Señor resucitado te abrazará. Y vuestros cuerpos se fundirán, y os haréis uno con el espíritu de Dios Padre. Un solo cuerpo, un solo Señor y Padre de todos. El que está unido al Señor se convierte en un solo espíritu con él. Hay una unión que tiene lugar y ningún poder en el mundo puede separaros a partir de ese momento. Entonces eres enviado al mundo para contar la historia eterna. Y la contarás como yo la estoy contando y la contarás desde la experiencia. No especularás.

No estarás teorizando tratando de establecer una filosofía de vida viable como todos los ismos de la vida basados en la teoría, basados en lo que debería ser en este mundo, sino como es en la eternidad. Así que ahora serás enviado, y puede que pienses «no soy educado», «no estoy cualificado», «no tengo formación intelectual, social, financiera o de cualquier otro tipo» No necesitas ninguna formación. Hablarás con la autoridad del que te ha enviado, ¡porque tú eres el mismo que te ha enviado! El que me ve, ve al que me envió. Pero tú nunca me has visto.

Las obras que él me concedió, para realizar estas mismas obras que estoy haciendo, dan testimonio de que el Padre me ha enviado. Y el mismo Padre que me envió da testimonio de mí, pero nunca habéis oído sus palabras, ni su voz. Si hubierais visto su forma, me habríais visto a mí. Si hubieras oído su voz, me habrías oído a mí. Oyes una voz mortal. Ves a un amigo mortal. Pero no me ves a mí. Si me vieras a mí le verías a él, eso es lo que está diciendo. Y el único que vio fue el estado de conciencia llamado Pedro. Despues de que se vaya de este mundo aquellos que acabo de mencionar en estos estados veran la verdad de lo que estoy hablando. Y sabrán que ninguna persona es más grande que la otra.

Todos somos uno. Sólo hay Dios en el mundo. Que nadie piense ni por un momento que la sabiduría de este mundo tendrá alguna oportunidad en el mundo exterior. El más sabio de los hombres es como una tontería a los ojos de Dios. La fuerza del Hombre sobre el poder del mundo no significará nada. Hablamos de una era nuclear - que es como un pequeño petardo. Hablamos de este enorme poder que el hombre ha descubierto, la era nuclear. Puedes comparar eso con este tipo de poder: que puedes detener el tiempo y todo se detiene; y luego cambias la motivación del mundo congelado, y luego liberas el mundo que congelaste y ejecuta tu comando de cambio. ¿Conoces algún poder comparable a ese? Congela el mundo entero y el tiempo se detiene y cambias las motivaciones, y luego liberas el mundo congelado una vez más; se reanima todo desde tu interior. No lo haces en el exterior, lo congelas y realmente sientes que se detiene dentro de ti.

Así que empecé diciéndote que todas las cosas existen en la imaginación humana. Un día te quedarás quieto y todo se parará; y entonces, habiendo cambiado la motivación, simplemente lo sueltas. Y se moverá bajo compulsión creyendo que quiere hacerlo - incluso la cosa más horrible del mundo si eso es lo que hiciste. Pero no tendrás este poder hasta que primero estés, yo diría, abrazado e incorporado al cuerpo del amor. Porque con este poder no motivado por el amor que cosas horribles podrias hacer en este mundo. Nunca poseerás este poder hasta que seas abrazado e incorporado al cuerpo del amor. Estarás ante el amor infinito y es el Hombre. Es el Señor resucitado. Y cuando respondas con las palabras de Pablo: «Fe, Esperanza y Amor. Pero el mayor de ellos es el Amor», el Amor te abraza y el Amor te envía; Todavía eres débil porque todavía llevas la cruz; la única cruz que él llevó alguna vez es el cuerpo humano.

La única cruz que Cristo llevó jamás -ninguna cruz de madera- nunca fue crucificado en ninguna cruz de madera. El fue crucificado en el nacimiento del niño- eso es cuando Cristo es crucificado. Y la lleva hasta el final cuando entra en el estado llamado el Nacimiento de Cristo. Y naces de tu propio cráneo, ahí es donde naces- no en el vientre de una mujer, eso es crucifixión. Naces de la calavera, tu propia calavera y sales de ella y la memoria regresa- todo el asunto es el regreso de la memoria. Nunca dejaste tu hogar inmortal excepto en tu sueño.

Pero tuviste que soñar el sueño de la vida como lo hicieron tus antepasados, así debes hacerlo tú. Y al final, todos somos uno. Una familia universal sin pérdida de identidad despertamos de todo y somos Dios Padre.

Entonces, ¿dónde vives? Bueno, donde vives psicológicamente depende enteramente de ti. Repito, vives en ese estado de conciencia al que regresas más a menudo. Podrías esta noche determinar ser, y tú lo nombras; ¿quieres ser rico? De acuerdo. No significa nada, es una sombra de todos modos. Pon a esto lo que quieres; ¿quieres estar seguro? ¿Cómo te sentirías si lo estuvieras? Tú asumes que lo estás y esa suposición, puede ser negada en el momento de la suposición, negada por tu sentido, negada por la razón pero si te atreves a persistir en esa suposición se endurecerá en un hecho.

Y el mundo será testigo de esa persistente suposición por tu parte. Así que ahí es donde vives psicológicamente. Esta noche vas a casa, y puede que vayas a un lugar donde viven 12 personas, y no hay 2 personas de las 12 que vivan en el mismo lugar psicológico. Podrían dormir en la misma cama y físicamente están bajo el mismo techo pero psicológicamente están en moradas diferentes. Así que puedes determinar dónde quieres morar psicológicamente. Quieres estar seguro, ¿qué hay de malo en ello? No tiene nada de malo. ¿Quieres ser conocido en este mundo? No hay nada malo en ello. Sólo te digo que todo eso se desvanecerá y no dejará ni rastro tras de sí. Porque te estás moviendo hacia el cumplimiento de las escrituras. No tiene nada que ver con la historia secular pero mientras estas en el mundo del Cesar escoge lo que quieres en este mundo y mora en ello psicologicamente.

¿Cómo me sentiría si fuera el hombre que me gustaría ser? ¿Soy de esa manera que quiero ser conocido, bueno está bien no le preguntes a nadie. ¿Realmente quiero que se me conozca en este mundo? Quiero estar seguro como el mundo llama a la seguridad, entonces asume que lo estoy. Y entonces esta noche aunque duermo en una casa de 15 o más- me atrevo. en lo que a ellos concierne, ellos tienen diferentes selecciones en cuanto a donde están durmiendo psicológicamente. Yo elijo el lugar donde quiero dormir, y duermo en él. Y noche tras noche vuelvo a ese estado y duermo en él, y entonces todo el vasto mundo se reorganiza, y entonces ese estado en el que moro psicológicamente se exterioriza en mi mundo, y aquí me encuentro con el cumplimiento de mi suposición. Aunque en el momento en que lo supuse no tenía ningún fundamento de hecho.

Entonces, ¿dónde vivo psicológicamente? Sólo yo puedo responder a eso. Tal vez algún psiquiatra, psicólogo podría de alguna manera detectarlo sondeando y sondeando. Pero tú sabes o deberías saber dónde vives. Ese estado al que regresas más a menudo, ese es el lugar donde vives psicológicamente. Y físicamente qué importa. Esta noche, muchos avaros que tienen una fortuna están viviendo en un estado horrible. Tiene miedo de perder su fortuna. Hay otros que, también tienen de una manera peculiar una sensación de pérdida. Lo has leído en un periódico aquí esta última semana, el secretario de estado del estado de Illinois. Y así, a la edad de 68 años - ataque al corazón y se ha ido. Dejó un patrimonio... nunca recibió más de 30.000 dólares al año en toda su vida y pagó impuestos y tuvo que vivir, y vivió bien. Pero encontraron escondidos 800.000 dólares en efectivo en cajas de zapatos y todo tipo de cosas en un lugar cerrado. Y todos los políticos, si es que se pueden avergonzar, cosa que pongo en duda, en serio que se pueden avergonzar. Eso es que se les puede avergonzar porque si tienen algún concepto, algún tipo de sensibilidad, algún código ético para ser un buen político ¡hay que guardarlo a fondo! No me importa lo que nos digan, si quieres ser un buen político coges tu religión y la pones en un almacén profundo mientras juegas tu papel como político. Y así, lo peor después de ser un político derrotado es ser un político pobre, o un político arruinado. Porque el que es presidente no sería un político arruinado. Y por eso guardó 800.000 dólares en efectivo.

Y se dice: «Si no puedes cenar toma un bocadillo». En otras palabras, si no pueden o tienen miedo de darte $1000, toma $500. Y fue por la vida de esa manera, bueno ese es su concepto de la vida. Bueno, espero que a ti no te den de esa manera pero si es así déjame decirte que al final todo es perdonado. Todo en el mundo es perdonado porque es solo Dios jugando todas las partes. Todo este vasto mundo se desvanecerá sin dejar rastro tras de sí. Este es el sueño donde vives físicamente, donde estás psicológicamente. Pero donde te mueves espiritualmente es para siempre. Estas son las realidades eternas y tú, el inmortal tú, pasas a través de estos estados eternos. Y vas de uno a otro y nunca vuelves atrás; psicológicamente puedes volver atrás- Puedo ser rico un día y pobre al siguiente. Puedo vivir aquí un día y allí al siguiente. Pero en el progreso espiritual no se vuelve atrás, se avanza hacia el clímax, y el clímax es Jesucristo. Y todos en el mundo despertarán como el Señor Jesucristo y el que despierte lo sabrá. Pero él no puede presentar la evidencia para satisfacer a nadie en este mundo. Pero el sabe que debe esperar por esa confesión. Tiene que venir.

Si piensa como piensa el mundo que Pedro es un anciano, entonces está esperando y mirando en la dirección equivocada. Va a venir. Porque en Cristo no hay hombre ni mujer. Y no hay esclavo ni libre. Tiene que venir- esa confesión. Y cuando llega, se siente completamente aliviado. Y sabe que en cualquier momento el vestido mortal será tomado. Y poco después de ser tomado se le aparece de nuevo a Pedro. Primero a Pedro. Y luego se aparece a los 12, luego a más de 500 a la vez. Y luego a Santiago. Y luego a los apóstoles. Y por último a un intempestivo, se le aparece a Pablo. Ese es el estado importante. Porque ese es el estado que cuando estas en ese estado eres abrazado incorporado y luego enviado. Y el que te ve (a ti físico), si alguna vez pudiera verte (a ti superior) vería al que te envió. Pero no oyen su voz y su forma no ven. Así que pueden pensar que te ven y conocen tu trasfondo mortal, tu origen, y te juzgan por lo que conocen de tu origen físico y no te ven en absoluto. Porque lo has dejado completamente al regresar al ser que eras antes de que el mundo fuera.

Así, toda la sabiduría del mundo se desvanecerá como si no existiera. No hay periódico de la mañana que no haya perforado de alguna manera las teorías del día anterior. Ahora estamos encontrando más y más galaxias, pensábamos que las habíamos encontrado todas. Ahora acabamos de encontrar dos más. Todas dentro de nuestra pequeña esfera, por así decirlo. Y ahora esta noche nos dirá algo más sobre cómo vivir más tiempo. Permítanme decirles que no van a aplazar su salida de este mundo ni una hora. Llegaste a tiempo y te irás a tiempo. Y que puedes beber todo el zumo de cítricos del mundo, y que puedes tomar toda la vitamina C del mundo no vas a prolongar tu pequeña prenda física. Hiciste tu entrada en el momento justo como un actor y vas a salir en el momento justo mientras estés interpretando el papel que puedes interpretar. He visto docenas de hamlets y no hay dos que interpreten el mismo papel de forma idéntica. Así que tenían su propia interpretación de la parte. Así que interpretarás tu papel a tu manera. Pero saldrás a tiempo. Hay un tiempo para nacer, un tiempo para morir, un tiempo para reír y un tiempo para llorar.

Y todo esto sucederá. Así que no vas a posponerlo ni un momento. Vi una pequeña declaración en el periódico esta semana pasada. Esta pequeña señora en Inglaterra. 110 años de edad, bueno ella dijo que hablan de cigarrillos- «He estado fumándolos ahora por 90 años impares, y no hay nada malo en mí», y por supuesto toda la industria le envió cartón tras cartón de cigarrillos. Así que ahora tiene tantos cigarrillos que tendría que vivir otros 10 años para consumirlos de verdad. Pero a ella no le ha afectado. Alguien más pensará que le afecta. Churchill murió; tenía 90 años. Siempre fumaba puros durante todo el día y la noche. Así que lo llaman de otra manera porque tenía 90 años. Mi padre nunca fumó en su vida, bebía como un pez. Dos botellas al día, ¡no me refiero a agua! Murió a los 85 años. Mi madre nunca bebió en su vida y partió a los 61 años. Aquí está mi padre este sí que bebía dos botellas de whisky. Fue un tipo fuerte hasta los últimos 6 meses de su vida y luego se derrumbó. Mi sobrina me lo contó el otro día; vino a pasar una semana con nosotros. Dijo «¿Sabes de qué murió el abuelo?» Le dije «Murió porque su cuerpo colapsó. Se fue a tiempo». No sabía que tenía TB (tuberculosis). Papá murió de tuberculosis a los 85 años. De todas las tonterías del mundo. Encontrarás cualquier cosa allí. No me importa lo que el mundo dirá, y por eso llamaron a eso la causa de la muerte. Llegó a tiempo y se fue a tiempo.

Un amigo vino a cenar a casa el pasado sábado por la noche. Dijo que acababan de llegar de un funeral. Y mencionó esta dulce niña de 24 años con dos hijos y su marido sólo 28, muerto en un accidente. 28. Y así se apagó conduciendo su motocicleta. Un patrón. Lo mismo le pasó a sus propios padres. Nunca vio a su padre. Fue asesinado en la segunda guerra mundial. Y estos niños que tiene, no recordarán a su padre. Lo conocen ahora, pero el tiempo desvanecerá sus recuerdos y no lo conocerán. Es un patrón.

Pero permíteme que te diga ¡toma esperanza que eres Jesucristo de las escrituras! ¿No te das cuenta de que Jesucristo está en ti? Esa pregunta se te hace en el último capítulo de la segunda carta de Pablo a los Corintios. «Poneos a prueba y ved si os dais cuenta de que Jesucristo está en vosotros». Pues bien, si está en mí, haré todo lo posible en este mundo por encontrarlo, quién es. Te diré quién es, es tu propia imaginación maravillosa.

Ese es el hombre inmortal. Ese es Jesucristo. Y nunca hubo otro Jesucristo. Y él está crucificado en ti. Tu propio maravilloso cuerpo de carne. Como Pablo nos dice en su carta a los Gálatas. Estoy crucificado con Cristo. Sin embargo, vivo, pero no yo. Cristo vive en mí. Y la vida que ahora vivo en la carne, la vivo por la fe en el hijo de Dios que me amó y se entregó a sí mismo. En realidad se hizo como yo, crucificado en este cuerpo, la única cruz que llevó. Un día despertará en mí. Y sabré que yo soy él. Y entonces experimentaré todo lo que se dice de él.

Sí, ahí está mi Pedro esperando a que me confiese. Porque yo sé quién soy, pero estoy esperando y eso debe llegar. Y una niña entra en estado y hace la confesión. Sí, se me apareció 3 veces. Primero como un hombre, luego como el Rey. ¿No dijo que mi reino no es de este mundo? Ella lo vio en espíritu. Primero el hombre la llevó a ver al Rey. Y tú eras el rey. Tú el hombre se desvaneció. Y entonces, ¿sabes qué? El Rey se desvaneció también. Y ahora aquí se me aparece como Jesucristo el Señor. Él es el hijo de Dios. Te digo que lo sé por experiencia propia. Esta es la experiencia de todo niño nacido de mujer. No desesperes si caes muerto ahora. No mueres, eres restaurado a la vida en un mundo igual a este, terrestre igual a este y estarás viviendo en un mundo igual a este con los mismos problemas. Y vivirás en un estado físico, psicológico y espiritual. El estado espiritual se está moviendo en la dirección hacia el cumplimiento, el clímax, que es Jesucristo. Así que realmente no importa. Y un dia despertaras.

Permíteme decirte que he despertado y te estaré esperando. Te estaré esperando. ¿Dónde me encontrarás? ¿Dónde me encontrarás? Dentro de ti. Porque al quitarme este manto, ¿adónde puedo ir? Sino al Padre. Y dónde está el Padre. No sólo está a través de todo; está en todo. Él es omni-presente e inminente. Y ahí es donde estoy; más cerca de lo que jamás podría estar de pie en esta plataforma. Porque aquí podría estar cerca de ti, pero allí no estoy cerca de ti, porque la cercanía implica separación.

Y no estoy cerca cuando dejo esta prenda. Yo soy tú. Pues ese aspecto de tu propio ser que está despierto. Y ese ser está esperando ansiosamente el despertar de ti. Y entonces somos uno. Y al final, todos somos uno. Entonces vivimos como un solo hombre contrayendo nuestros infinitos sentidos, nos convertimos en multitud. O expandiéndonos contemplamos como uno. Como un solo hombre, toda la familia universal.

GUÍA PRÁCTICA

-

EJERCICIOS PRÁCTICOS

1. Identificación de tu Estado Psicológico Actual: Reflexiona antes de dormir: ¿Cuál es el estado mental al que regresas con frecuencia? Identifica emociones predominantes (miedo, gratitud, abundancia) y escríbelas. Esto te ayudará a identificar tu "morada psicológica."

2. Construcción de una Nueva Morada Psicológica: Define un estado deseado, como seguridad o éxito. Cada noche, antes de dormir, imagina una escena donde experimentas plenamente ese estado. Por ejemplo, siente la calma de haber resuelto tus problemas o la alegría de un logro.

3. Afirmaciones Activas: Durante el día, afirma en voz alta o mentalmente: "Vivo en un estado de paz y abundancia." Repítelo cada vez que notes pensamientos discordantes. Esto entrena tu mente para habitar en tu estado deseado.

-

REFLEXIONES GUIADAS

1. ¿Qué patrones psicológicos habituales has detectado en tu vida? ¿Cómo influyen en tus circunstancias actuales?

2. Si tu "morada psicológica" determinara toda tu vida externa, ¿qué cambios harías para alinear tu estado interno con tus metas?

3. ¿Qué emociones o creencias necesitarías soltar para habitar en un estado de plenitud y confianza?

\-

CONCEPTOS DE PSICOLOGÍA POSITIVA

1. Resiliencia Emocional: La práctica de imaginar un estado deseado puede fortalecer la resiliencia, ayudándote a superar adversidades con una visión clara y optimista.

2. Autoeficacia: Creer que tienes control sobre tus estados internos fomenta una mayor sensación de autoeficacia, esencial para tomar acciones consistentes hacia tus objetivos.

3. Mindset de Crecimiento: Habitar en estados psicológicos positivos impulsa un mindset de crecimiento, favoreciendo el aprendizaje continuo y la transformación personal.

\-

CITAS DE TEXTOS ESPIRITUALES

1. Biblia - Mateo 6:21: "Porque donde esté tu tesoro, allí estará también tu corazón." Esto resuena con la idea de que el estado psicológico es tu verdadera morada.

2. Bhagavad Gita 6.19: "Así como una lámpara no parpadea en un lugar sin viento, así es el yogui que controla su mente." Esta cita se alinea con la estabilidad emocional al habitar un estado deseado.

3. Isaías 26:3: "Tú guardarás en perfecta paz a aquel cuyo pensamiento en ti persevera." Este versículo refleja el poder de la concentración en la construcción de estados internos.

-

PERSPECTIVAS DE AUTORES RELACIONADOS

1. Eckhart Tolle (El Poder del Ahora): Tolle destaca la importancia de anclarte en el presente para trascender estados mentales negativos y vivir en la plenitud del momento, alineado con habitar conscientemente en un estado deseado.

2. Deepak Chopra (Las Siete Leyes Espirituales del Éxito): Chopra enseña que el enfoque en la intención y el desapego son claves para manifestar deseos, en línea con la idea de asumir una "morada psicológica."

3. Abraham Hicks (La Ley de la Atracción): Este autor enfatiza que tu vibración emocional atrae experiencias congruentes, apoyando la idea de que tu estado psicológico habitual determina tu realidad externa.

ALCANZA EL ESTADO DE ÁNIMO

Neville Goddard

Encontrarás el mensaje de esta noche muy práctico. No creo que moleste a nadie, pero hay ajustes que hacer en cuanto a lo que el hombre cree que es Dios, y lo que Dios es realmente. Se nos dice en las Escrituras, en el nacimiento de los gemelos, que el gran drama comienza "en tus miembros..." y estoy hablando ahora no de cualquiera, sino de tu individualidad:

"En tus miembros yacen dos naciones, razas rivales desde su nacimiento; una ganará el dominio, la más joven sobre la más vieja reinará." (Genesis 25:23, traducción de Moffatt)

Estas están en tu individualidad. Se nos dice que la más joven, que naturalmente es la segunda – el "segundo hombre" – es el Señor de los Cielos. Ese es el segundo hombre; Él duerme en ti. Tú le despertarás, y Él se convertirá en el Maestro. Él reinará. Por el momento, en la mayoría del mundo, están totalmente inconscientes de esto. Entonces, Él duerme, y así Él no reina. Ese conocido en las Escrituras es llamado Jesucristo. El Señor Jesucristo es tu propia maravillosa imaginación humana. ¡Ese es Dios!

Ahora, el mundo entero, y todo dentro de él, no es nada más que el apaciguamiento del hambre. Eso es todo en la vida: el apaciguamiento del hambre. Y hay infinitos estados desde los cuales el Señor puede ver al mundo apaciguar ese hambre. El "primer hombre" no puede hacerlo. Él puede alimentarse sólo de lo que sus sentidos dictan. Donde quiera que esté, él se alimenta de los hechos de la vida como él ve los hechos.

Se necesita al "Segundo Hombre" para desembarazarse de esa restricción y entrar en un estado – cualquier estado en el mundo – y alimentarse de él, y luego – con el tiempo – traer al "primer hombre" para alimentarse de él.

Se nos dice en el capítulo 14 de Juan: "Que vuestro corazón no esté perturbado, ni tengáis miedo. Creéis en Dios, creed en mi también." (Juan 14:1) Ahora, este no es un hombre hablándote desde fuera. "Cree también en mi." "Creéis en Dios, creed también en mi." En el mismo capítulo Él te va a decir ¡que Él es Dios! ¿Pero qué hombre creería realmente que esta presencia dentro de él es Dios?

Ahora, Él te dice: "Estad tranquilos y sabed que Yo soy Dios." (Salmo 46:10) Este no es otro hombre hablándote, aparte de ti mismo, "Estad tranquilos, y sabed que 'Yo Soy' es Dios." ¿Puedes creer eso? Si puedes creer eso, entonces todas las cosas son posibles para ti. Pues "todas las cosas son posibles para Dios." (Mateo 19:26) ¿Puede un hombre realmente creer eso? Eso es lo que se me dice en el Salmo 46, "Estad tranquilos, y sabed que Yo ..." Pon la palabra correspondiente ahí ahora.

Ahora, se nos ha dicho que Él duerme, y entonces viene la llamada: "Despiértate. ¿Por qué duermes, Oh Señor? No nos rechaces para siempre." (Salmo 44:23) Éste duerme en el hombre. El Hombre tiene que despertarlo. ¡Él no sabe que su propia maravillosa imaginación humana es Dios!

Ahora, "En la casa de mi Padre hay muchas moradas. ¿Si no fuera así, Yo os hubiera dicho que voy a preparar un lugar para vosotros? Cuando vaya vendré de nuevo, y os recibiré en mí, para que donde Yo estoy, ahí podáis estar vosotros también." (Juan 14:2, 3) Ahora, esta conversación tiene lugar en tu individualidad, entre los dos.

Yo estoy hablando ahora a mi yo, "En la casa de mi Padre" – Yo soy el Padre "... hay innumerables moradas" – estados de conciencia. "¿Si no fuera así, os habría dicho que voy a preparar un lugar para vosotros? Y cuando vaya, vendré de nuevo, y os recibiré en mí, para que donde Yo estoy podáis estar vosotros también."

Yo me encuentro aquí, y mis sentidos me atan aquí a esta habitación, pero yo no quiero estar aquí. Quiero estar en otra parte. Yo conozco mi saldo en el banco. Conozco mis obligaciones en la vida. Estoy atado por lo que conozco. El "hombre externo" se alimenta de eso, pero él quiere más que eso. Hay algo en mí – el "Segundo Hombre" que ha nacido del Cielo – que está diciéndome que hay "innumerables moradas" a las que yo puedo ir – tú no puedes ir –, Yo puedo ir y prepararlas para ti. Pero, "cuando Yo vaya a prepararlas para ti, vendré de nuevo y te recibiré en mí mismo, para que donde yo estoy, ahí estéis vosotros también." Ahora, ¿cómo lo hago?

Yo echo una mirada a mi mundo, y estoy muy restringido. Todo sobre mí es algo que me gustaría romper – trascenderlo, convertirme en una persona más grande, una persona más segura, donde yo esté haciendo una tarea mayor en el mundo. Todas esas cosas me gustaría hacerlas, pero la razón me dice que no estoy haciéndolas, y mis sentidos confirman a mi razón. Ahora, ¿hay algo en mí, que es mi Verdadero Yo, que puede hacerlo? Sí, mi imaginación puede hacerlo.

En mi imaginación, yo voy y preparo el estado. Realmente voy al estado y lleno ese estado con mi propio ser, y veo el mundo desde ese estado. No pienso en él; pienso desde él. Cuando pienso desde él, estoy realmente preparando ese estado.

Entonces regreso a donde yo dejé a éste – "el hombre externo" –, y una vez más me fusiono con él, y nos hacemos uno, otra vez. Ahora lo llevo a través de un puente de incidentes – una serie de acontecimientos – que me lleva hacia lo que yo he preparado, y lo llevo conmigo y entro en el estado mismo. Él se alimenta ahora, literalmente, de ese estado. Esto es lo que yo llamo orar. Yo no voto por él, no hago petición, no pido a ningún ser en el mundo – a nadie, incluyendo al que el mundo diría que es Dios. Pues cuando encuentras a Dios estando tranquilo, y sabes que "Yo Soy" es Dios, ¿entonces a quién puedes dirigirte para algo en este mundo, si realmente crees en las Escrituras: "Estad tranquilos y sabed que Yo soy Dios"? Entonces, ¿a quién podrías dirigirte? Es una comunión interna con el Yo. Pero el hombre le habla a un dios fuera y suplica a un dios fuera, y mendiga a un dios fuera.

Esto me recuerda una fiesta que William Lyons Phelps dio. Si tú no sabes quién es – de hecho, quién fue –, él fue uno de los educadores verdaderamente grandes en nuestro país en este siglo veinte: William Lyons Phelps. Él y la Sra. Phelps conversaban con Edna Ferber, la escritora. Cuando se sentaron a cenar, la Sra. Phelps le dijo: "William, ¿te importaría dar gracias?" Él cerró los ojos, inclinó la cabeza, y después de quizás diez o quince segundos dijo: "Amén." Y ella le dijo: "¿Por qué, William, yo no oí una palabra de lo que dijiste?"; y él le dijo: "Yo no estaba hablando contigo, querida..."

La gente se sienta a dar las gracias así: "Bendice las manos que prepararon esta comida", todas esas palabras no significan nada. Vé adentro, y no hagas petición: aprópiate. Orar no es más que la apropiación subjetiva de la esperanza objetiva. Yo espero esto y esto; Yo lo quiero como un hecho objetivo. Ahora, yo debo ir adentro y apropiármelo subjetivamente.

Así que, orar es la apropiación subjetiva de la esperanza objetiva. Eso es lo que yo llamo "fe en Dios", lo cual no es más que fe en mi Ser, pues el Ser del hombre – la verdadera identidad del hombre – ¡es Dios! Ese es el "Jesucristo" de las Escrituras.

"¿No os dais cuenta de que Jesucristo está en vosotros? Poneos a prueba a vosotros mismos y ved." Eso es lo que se nos dijo que hiciéramos en la Segunda Carta de Pablo a los Corintios. Léelo en el capítulo 13, versículo 5 de Corintios II. "Examinaos a vosotros mismos, para ver si os estáis manteniendo en la fe. Poneos a prueba. ¿No os dais cuenta de que Jesucristo está en vosotros?" (Corintios II 13:5, Versión Standard Revisada).

Bueno, si Él está en mí, ¿entonces dónde iré yo a encontrarlo? ¿Cómo me dirigiré a Él? Él está en mí. Él es mi propio Ser. Yo simplemente estoy en comunión con mi Ser.

Hay innumerables estados en el mundo; así yo singularizo el estado que yo quiero expresar en este mundo, y no te pregunto a ti o a nadie más en el mundo si es bueno para mí. Yo no consulto a nadie. ¿Entra dentro del marco de la Regla de Oro? ¿Lo que estoy pidiendo ahora, lo pediría para otro? ¿Pediría a otro, si lo que estoy buscando ahora para otro es algo que yo pediría para mí mismo? La Regla de Oro es: "Haz a los demás lo que te gustaría que te hicieran a ti." Si tú mantienes eso en mente, no puedes equivocarte.

¿Que hay de malo en pedir algo en este mundo para otro que tú pedirías para ti mismo? ¿Hay algo malo en estar seguro? Nada. ¿Algo malo en estar limpio y saludable y decente? ¿Algo malo en ser alguien que contribuye al bien del mundo? ¿Qué hay de malo en eso? ¿Hay algo malo en estar felizmente casado, orgulloso de la chica que lleva tu nombre, o ella orgullosa del hombre cuyo nombre lleva? ¿Qué hay de malo en eso?

Olvida eso. El mundo entero es un campo para cosechar. Tú no escoges a esta o a esa mujer. Escoges el estado. Yo quiero ser dichosamente feliz, y si lo fuera, ¿cómo vería el mundo? ¿Y cómo el mundo me vería a mí? Bueno, aíslate del mundo y ve adentro y aprópiate de ese estado. Y desde dentro, deja que tus amigos te vean, como ellos tendrían que verte si lo que ahora estás asumiendo que eres realmente es cierto.

Por eso es por lo que he titulado la charla de esta noche "El estado de ánimo" – Alcanzar el estado de ánimo. Todo está basado en ese estado de ánimo. El capítulo 25 del libro del Génesis: "Y ella dio a luz gemelos, pues en sus miembros estaban estas razas rivales – razas rivales desde su nacimiento", llamadas en las Escrituras "Esaú" y "Jacob"; y tú piensas que fueron dos individuos que vivieron hace miles de años. No, ¡ellos están justo aquí en cada uno en este mundo! Estos son los eternos estados de conciencia personificados en las Escrituras como dos muchachos.

Las Escrituras no es una historia secular. Es una historia de salvación. Y así, ellos no vivieron hace miles de años; ellos viven ahora en ti, y tú tienes que dar nacimiento a ambos. Tú has dado nacimiento al primero. El primero es tu "hombre externo", el hombre que es ahora un hombre de los sentidos – un hombre que está cubierto de pelo, como nos han dicho. Esaú vino primero, y él estaba cubierto de pelo por todas partes. Seas mujer u hombre, estás cubierto de pelo por todas partes. Ese es el tú externo, el hombre del mundo sensorial.

Luego viene el "Segundo Hijo", y él es el muchacho de piel más suave, llamado Jacob. El nombre "Jacob" significa suplantar. Él va a suplantar a su hermano; él es el segundo, pero él vendrá el primero. El Segundo Hombre es el Señor del Cielo, y el Segundo Hijo es tu propia maravillosa imaginación humana. Cuando tú lo sacudes y lo despiertas y lo haces venir a existir, puedes hacer maravillas en este mundo.

Inténtalo ahora mismo. Tú sentado aquí en esta sala – yo de pie aquí; yo podría, en un abrir y cerrar de ojos, ponerme fuera de esta sala y verla desde ahí, y ver el interior de esta sala, no desde este atril, sino verla desde fuera. Eso es ejercer el Hombre Interno. Ve fuera mentalmente, no físicamente, y ve esta sala desde fuera. Mientras estoy aquí sentado, yo puedo ponerme en la planta baja de mi habitación de hotel, y entonces ver esta sala y pensar en ella, pero pensando desde la planta baja de mi habitación. Yo puedo ponerme en cualquier parte del mundo y pensar desde ella, y pensar en el mundo y en todo lo demás. Ese es el secreto: pensar desde lo que yo quiero, en vez de pensar en lo que yo quiero.

Cuando yo sé lo que quiero en este mundo, cuando estoy pensando en ello, está siempre más allá de mí. Cuando yo sé lo que quiero, yo entro en ese estado y pienso desde él. Ponte mentalmente en tu propia casa esta noche ahora, y ve este edificio – este club – desde tu casa, y ves este edificio, no desde él; tú piensas en él, y estás viéndolo desde tu habitación.

Ahora, el estado de conciencia al que tú más constantemente regresas es el lugar que tú realmente habitas – ese estado habitual desde el cual ves el mundo. ¿Lo ves desde la pobreza, diciendo "Yo soy pobre"? ¿Andas por la calle sintiendo "Qué pobre soy"? Tú estás viendo el mundo desde el estado de pobreza entonces. ¿Estoy viendo el mundo desde el estado de uno que es completamente desconocido y no querido? Bueno, esa es mi casa. El lugar al cual habitualmente regreso constituye mi lugar de habitación. Yo no necesito habitar ahí.

"En la casa de mi padre hay innumerables moradas. ¿Si no, os hubiera dicho que voy a a preparar un lugar para vosotros?" Y cuando yo vaya y prepare el lugar, regresaré de nuevo y os llevaré conmigo, para que donde yo estoy – en ese estado preparado – vosotros estéis también. Así, yo ahora tomo un estado. Yo quiero ser conocido. Yo quiero contribuir al bien del mundo. Yo quiero también vivir bien – y quiero decir bien. Yo quiero sentirme seguro, no sólo financieramente, sino seguro socialmente, que cuando entre en una habitación no esté avergonzado, no importa quienes sean ellos. Ellos pueden tener todos los títulos del mundo; pueden venir de todas las grandes universidades del mundo y ser honrados por el mundo, pero yo quiero estar en su presencia y no sentirme pequeño. Yo quiero sentirme una persona; no tener que agachar la cabeza de vergüenza debido a alguna restricción en mi pasado. Si yo hubiera nacido "detrás de la bola 8"(1) socialmente, financieramente, intelectualmente, no importa. Yo quiero sentirme importante; yo quiero sentirme grande; yo quiero sentirme bueno.

Muy bien, ¿qué estado sería ese si fuera verdad? Yo concibo un estado que, si fuera verdad, haría que todos mis deseos se realizaran. Voy a ese estado. Ahora, la primera vez que yo entro en ese estado y veo el mundo desde él, es maravilloso, pero no puedo nunca re-entrar en ese estado. Por lo tanto, no es mi casa. Yo quiero hacer de ese estado mi casa perpetua, de modo que yo automáticamente habite en ese estado; y si lo habito así de automáticamente estoy en ese estado; se convierte en mi lugar de habitación. Así que, "Yo iré y prepararé un lugar para ti." No te estoy hablando a ti; me estoy hablando a mí mismo: "Yo te llevaré a ti, Neville, nacido detrás de la bola 8 – nacido desconocido, no querido, pobre; todo lo que es simplemente detrás de la bola 8 –, y yo voy a llevarte a ti, Neville, ahora que tú me has encontrado a mí, al Segundo Hombre, al Señor del Cielo, tu propia maravillosa imaginación humana, ahora que tú me despertaste, yo iré."

Y yo habitaré en el estado y me sentiré que soy Neville – ese "hombre externo" que yo acabo de dejar en la silla o en la cama, y veré el mundo como Neville lo vería si él estuviera conmigo ahora. Yo veo el mundo desde ese estado. Y luego, cuando me parece natural, regreso al "hombre externo" físico que dejé en una silla, que dejé en la cama, y mientras regreso nos fusionamos y nos convertimos en una persona, no dos. Entonces me muevo a través de un puente de incidentes que realmente, racionalmente, yo no construí – simplemente apareció – y me muevo a través de una serie de acontecimientos que yo no determino razonablemente, simplemente suceden. Me moveré a través de ese puente de acontecimientos al estado en que yo entré y ahora habito. ¡Pero cuando llegue ahí, parecerá tan natural!

El hombre que pensaba, debido a sus pasadas limitaciones, que él no podría nunca entrar en ese estado – ahora él se encuentra en ese estado. No importa a quien encuentre, los encuentra desde ese estado, y es perfectamente natural para él. Esta es la historia que las Escrituras te enseñan a ti, a mí y a cada uno en el mundo. Pero hasta que tú encuentres a Dios, que es tu propio Ser, tú no vas a hacerlo. "Estad tranquilos, y sabed que 'Yo Soy' es Dios." ¡No hay otro Dios!

¿Y tú piensas que eso es blasfemia? Muy bien, el que enseña la historia fue también acusado de blasfemia, pues Él dijo: "Yo soy Dios", y ellos tomaron piedras para apedrearle. No significa que un hombre está haciendo una atrevida afirmación en el exterior. El "hombre externo" toma los hechos de la vida – estas son las "piedras" – para apedrearle, y entonces Él cita las Escrituras, y cita el Salmo 82:

"¿No está escrito en vuestras Escrituras que yo digo: 'Vosotros sois dioses, todos vosotros hijos del Altísimo'? Si entonces Yo digo que Yo soy el Hijo de Dios, y el Hijo de Dios y Dios son uno y el mismo Ser, ¿por qué me apedreáis cuando las Escrituras os enseñan que vosotros sois hijos de Dios?" (Ver Juan 10:34-37)

Así que no pudieron apedrearle entonces porque Él estaba sólo citando su libro. Bueno, yo estoy sólo citando esta noche vuestro libro, que es mi libro. Es el libro para liberar a cada hombre en este mundo, si sabes quién eres tú realmente. ¡Tu verdadera identidad es Jesucristo! Y Jesucristo no es un ser que vino hace dos mil años y luego partió. Él dijo: "Yo estoy con vosotros siempre, incluso hasta el mismo fin de los tiempos." (Mateos 28:20)

Si Él está conmigo siempre, ¿dónde está Él? Él dijo: "Yo estoy con vosotros siempre, hasta el mismo fin de los tiempos." ¿Entonces dónde está Él? Yo ciertamente se dónde Él está.

La conversación ahora – yo estoy citando del capítulo 8 del Libro de Juan – está teniendo lugar en ti. Nadie más está oyéndolo. Yo estoy ahora sólo citando de un pasaje del capítulo 8 de Juan: "Vosotros sois de abajo, Yo soy de arriba; vosotros sois de este mundo, Yo no soy de este mundo. Yo digo que moriréis en vuestros pecados a menos que creáis que Yo soy Él." (Juan 8:23, 24) Yo estoy sólo citando del capítulo 8 del Evangelio de Juan.

En las Escrituras, arriba y dentro son lo mismo; abajo y fuera son lo mismo. Así, cuando tú lees: "Yo soy de arriba", Él te está diciendo: "Yo soy de dentro", pues Él te dice: "El Reino de los Cielos está dentro de ti." (Lucas 17:21) Así, Yo soy de arriba, por tanto Yo soy de dentro. Tú, – el "hombre externo" – eres de fuera, por tanto eres de abajo. Eres de este mundo. Yo no tengo que permanecer anclado a lo que mis sentidos dictan y me dicen que Yo soy. Yo no tengo que estar aquí. Tú, mirándome desde fuera, como el "hombre externo", dirás: "Neville está en el estrado." Conociendo mi mundo externo completo, conocerías mis restricciones, mis limitaciones. Tú no conoces mis ambiciones, mis sueños, mis deseos. Yo, y sólo yo, conozco mis ambiciones y mis deseos. El "Hombre Interno" los conoce, y Él sabe cómo entrar en estos estados y preparar un estado para que el "hombre externo" lo llene. El "hombre externo" no puede hacerlo. El "hombre externo" está completamente anclado por sus sentidos y confirmado por su razón.

Ahora déjame compartir contigo una sencilla historia. En el tiempo que esto sucedió, parecía una cosa imposible. Justo después que la guerra hubo acabado, tomé el primer viaje con mi mujer y mi hija pequeña a la isla de Barbados en las Indias Occidentales. Yo no hice preparativos para regresar. Zarpé desde Nueva York. Pensé que iría y estaría unos meses en la isla con mi familia, que eran todos de Barbados, no haciendo ningún preparativo para mi regreso.

Entonces llegó el momento para mi regreso, pues yo tenía un programa en Nueva York para la primera semana de Mayo. Yo llegué a Barbados a final de Diciembre y pasé estos cuatro meses celestiales – o casi cuatro. Cuando fui a la compañía de vapores, me mostraron una lista que era tan larga como de aquí a ahí (indicando) de gente esperando para tomar el barco. Eso era sólo en la isla de Barbados. Había listas igualmente largas en las demás islas: Trinidad, San Vicente, Granada – todas las islas, y sólo dos barcos cubriendo todas las islas: uno pequeño que llevaba sesenta pasajeros y otro que llevaba ciento veinticinco pasajeros; y cientos y cientos en cada isla esperando.

Bueno, ellos dijeron, "Bueno, Sr. Goddard, usted no podría salir de esta isla hasta el mes de Octubre lo más pronto." Yo dije: "¿Ese es su veredicto definitivo?" Ellos dijeron: Bueno, eso es definitivo. Mire la lista, y esto es sólo en Barbados."

Estamos ahora en el mes de Abril. Yo nunca pensé en solicitar antes de eso. Mi hermano Victor dijo: "¿Cómo demonios has podido dejar Nueva York – la capital financiera del mundo – ellos sabían ahí todo de cómo hacer estas cosas. ¿Por qué no arreglaste ahí para regresar cuando tú saliste?" Yo dije: "Nunca se me ocurrió. Realmente no importa."

Me senté en mi habitación de hotel en Barbados y me puse cómodo, y luego asumí que estaba en un pequeño barco – una chalupa, llevándome al barco esperando en la bahía. Podía sentir mecerse el pequeño barco. En ese barco coloqué a mi familia – unos cuantos miembros de mi familia: mi hermano Victor, mi hermana Daphne, y uno o dos más, y naturalmente mi mujer y mi hija pequeña. Entonces sentí llegar al barco junto al barco principal que nos llevaría de vuelta a Nueva York. Y entonces, en mi imaginación, asumí que mi hermano Victor tomaba a mi hija y subía a la pasarela y caminaba con ella y yo ayudaba a mi mujer después, y luego a mi hermana Daphne, y luego subí yo, y nos fuimos. Cuando llegué a lo alto de la pasarela – todo en mi imaginación, dándole toda la vividez sensorial, dándole todos los matices de la realidad – yo no tenía adjudicado camarote, así que no podía bajar al camarote. Yo simplemente volví a lo alto de la pasarela, caminé tres o cuatro pasos, y luego puse las manos en la barandilla, de modo que podía oler la crudeza del mar, podía sentir la sal llevada por el viento. Yo podía sentirla en la barandilla, y entonces miré hacia la isla con nostalgia. Estaba dejando una isla perfectamente encantadora con tantos miembros de mi familia, y sin embargo yo tenía un sentimiento dividido. Estaba feliz de irme porque tenía que volver a Nueva York en mi camino a Milwaukee, y luego, al mismo tiempo, estaba escindido en mi emoción porque había una tristeza – como una dulce tristeza dejándolos y aún feliz de irme.

Y ese es el estado de ánimo que yo alcancé. Yo alcancé esa sensación. Yo no te puedo decir, si tú no has tenido la experiencia de ir a algún lugar estando dividido entre querer ir y sin embargo de mala gana, porque estás dejando algo precioso tras de ti. Bueno, ese era mi estado de ánimo. Yo alcancé el estado de ánimo. Y luego seguí mirando a la isla, y luego lo rompí y aquí estoy, sentado en mi silla en la habitación del hotel ¡en Barbados!

A la mañana siguiente sonó el teléfono. Cuando respondí, era la Compañía de Vapores Alcoa llamando: "Sr. Goddard, acabamos de recibir un telegrama de Nueva York cancelando un pasaje en el próximo barco, que podría dejarle en Nueva York a primero de Mayo. ¿Lo desearía para usted, su mujer y su hija? Es un camarote más pequeño, realmente, hay sólo dos literas, pero su hija pequeña tiene sólo tres años, y así ella podría dormir con usted o con la Sra. Goddard, pero hay dos literas, y hay un baño privado. Todo es perfecto, pero usted sabe; el barco es pequeño; sólo llevará sesenta pasajeros."

Yo dije: "Bajaré ahora mismo." Así que bajé, y pensé que descubriría algunos detalles más. Pregunté a la agente: "¿Por qué la cancelación?" "Bueno", dijo ella, "yo podría sólo especular. Ellos no nos lo dijeron; nos telegrafiaron. Hubo una cancelación para el viaje de vuelta." Yo dije: "Muy bien, está cancelado. Por qué no se lo dio a alguno de los otros que estaban esperando?" Había cientos y cientos esperando. "Bueno", dijo ella, "tenemos una señora aquí – una señora americana que ha estado molestándonos semana tras semana para salir de Barbados de vuelta a Nueva York, así que la llamamos primero, y ella dijo, 'No me conviene irme ahora.' Así que entonces le llamamos a usted porque tienen que ir tres, y pensé que podría utilizar la habitación para ustedes tres. Y no notificaremos a ninguno de los otros cientos que están esperando."

De modo que no hice más preguntas. Lo tomé y volví a tiempo para mi deber en Nueva York y luego mi deber en Milwaukee.

Cuando la primera vez cuento esa historia, la reacción habitual es: ¿Fue eso hacer una cosa justa? ¿Puedes imaginarte eso? ¿Fue eso hacer una cosa justa con todos los demás que estaban esperando? Yo no estaba dirigiendo la Compañía de Vapores Alcoa. Yo estaba aplicando el principio de Dios. No hubiera importado si un millón de personas estaban ahí; yo habría saltado por encima de un millón. Ese no es asunto mío. Yo estoy simplemente aplicando la ley de Dios: "Lo que desees, cree que lo has recibido, y lo habrás recibido", como se me dice en el capítulo 11 del Libro de Marcos, versículo 29; y haga lo que haga, diga lo que diga, si no dudas eso vendrá a pasar; será hecho para ti. Bueno, yo hice lo que se me dice en las Escrituras que debía hacer; creer que lo había recibido, y actuar sobre esa creencia. Así, yo actué sobre la creencia. ¿Qué haría yo si fuera verdad? Yo subiría a la pasarela.

En aquellos días, en 1945, no teníamos un puerto de aguas profundas; ahora tenemos uno. Pero entonces tú tenías que salir hacia el barco con una pequeña chalupa, de modo que yo hice exactamente lo que hubiera tenido que hacer si iba a bordo del barco. Así que yo fui a bordo del pequeño barco, y luego, cuando llegamos al barco grande, aunque parezca extraño, mi hermano Victor subió con mi hija pequeña en los brazos – el primero en salir. Y luego vino mi mujer, vino mi hermana, justo en el orden que yo lo había imaginado. No me hubiera importado si ese orden se rompía o no, pero sucedió en el orden que yo lo imaginé.

Así que yo te digo que lo he encontrado. ¿A quién? ¿Encontrado a quién? He encontrado al Señor Jesucristo. ¿Tú lo hiciste? ¿Qué aspecto tiene? ¡Tiene el mismo aspecto que yo! ¿Tú le has encontrado? Bueno, no se parece a mí, porque cuando tú le encuentres, ¡Él se va a parecer exactamente a ti! Ese es el Señor Jesucristo: igual que tú. No hay otro Señor Jesucristo.

Él realmente se convirtió en tí, para que tú puedas convertirte en el Señor Jesucristo. Y cuando le ves, Él es igual que tú.

Así, no te dirijas a nadie en este mundo y digas "Ahí está", pues eso es mentira, o "Aquí está"; eso es mentira. Así que a cualquiera que te diga que Neville es el Señor Jesucristo, tu Jesucristo, ¡niégalo! Niégalo completamente. Neville no es el Señor Jesucristo para ti. Pero yo he encontrado al Señor Jesucristo en mí como mi propia maravillosa imaginación humana, y yo comparto contigo lo que he encontrado.

Un día tú lo encontrarás como tu propia maravillosa imaginación humana. Entonces llegará el día en que todo lo dicho del Señor Jesucristo en las Escrituras vas a experimentarlo en una experiencia en primera persona del presente del singular – todo lo dicho sobre él. Entonces sabrás quién es el Señor Jesucristo, quién es el Padre, quién realmente es Dios.

Mientras tanto, ponlo a prueba. Ve a la prueba extrema. Yo te digo que lo encontrarás sin fallar nunca. Él es tu propia maravillosa imaginación humana.

Bueno, en esta historia que empezamos esta noche, los dos hijos son llevados ahora al padre. El padre es Isaac, e Isaac es ciego. Había dos hijos, el primero es Esaú. Él está cubierto de pelo. Ese es cada hijo nacido de mujer; ese es el "hombre externo", pues el pelo significa la cosa objetiva más externa en el mundo. En el hombre, el pelo viene primero, luego llegas a la piel, luego llegas a la grasa, luego llegas a los huesos; pero el pelo es la parte más externa del hombre. Así que él está cubierto de pelo. El siguiente no tiene pelo. Él es lampiño; es Jacob. La palabra significa suplantador.

El padre ha pedido una comida. Por eso es por lo que os dije antes que el mundo entero – la vida entera – no es más que el apaciguamiento del hambre. De modo que el padre tiene hambre, y él quiere un venado convenientemente preparado como a él siempre le gusta y le da esa orden a su primer hijo, Esaú. Esaú era cazador. Él va a cazar el venado, y lo prepara para complacer a su padre.

Jacob escucha la petición de su padre. Recuerda, su nombre es "el suplantador", pero la orden le fue dada a su hermano Esaú; así que él sacrifica un chivo y lo despelleja, y se pone la piel sobre el cuerpo para engañar a su padre haciéndole creer que es Esaú. Él prepara el chivo y se lo lleva a su padre. Y él dice: "Padre", e Isaac responde: "Sí, hijo mío." Entonces Isaac dijo: "Yo estoy ciego, hijo mío; no puedo ver. Ven cerca que yo pueda sentirte, que pueda tocarte." Y cubierto con la piel del chivo, él se acerca, e Isaac extiende su mano y le toca. Él dijo: "Sabes, tu voz suena como la de mi hijo Jacob, pero te siento como mi hijo Esaú", y luego le dio la bendición. Y entonces, habiéndole dado la bendición, Jacob desaparece.

Luego su hijo Esaú llega con el venado, y él dijo: "¿Quién eres tú?" Él dijo: "Yo soy tu hijo Esaú." "Bueno", dijo, "debe haber sido tu hermano quien vino, y yo pensé que eras tú, y le di la bendición; y yo no puedo revocarla. No puedo volverla atrás. Yo lo bendije, y la bendición sigue siendo suya."

Así, tú cierras los ojos y eres Isaac; no puedes ver. Isaac es ciego. Cierra los ojos y no puedes ver la habitación. Ahora, interiormente tienes los dos hijos. La habitación externa es tu Esaú. Elimínala completamente, y los dos se van a cazar. Esaú viene después; Jacob llega primero, y él da los matices de la realidad a su padre. Su padre es su propio maravilloso "YO SOY". Bueno, ¡ese es Dios! El nombre de Dios para siempre es "YO SOY". Así, YO SOY está esperando sentir los matices de la realidad de lo que él quiere, y él siente que es tan real, tan natural.

Ahora, él sabe que esto es subjetivo, así que dice: "Tú suenas como Jacob, pero ven más cerca, hijo mío, que yo pueda sentirte"; y él lo siente como yo sentí la barandilla sobre el barco, como yo podía oler la sal del mar en el viento, como yo podía ver mentalmente la isla, como yo podía sentir el barco rodando a poca distancia bajo mis pies. Todo esto era el matiz de la realidad. Esto, ahora, es Esaú; parece real, y así yo le estoy dando una realidad a este estado – yo le estoy dando una bendición a él.

Entonces abro los ojos para encontrar que estoy sentado en una silla en mi habitación de hotel. Bueno, de pronto Esaú regresa. Bien, Esaú era el lugar que yo dejé. La habitación en que estaba sentado era mi Esaú; ese era el mundo objetivo. Vuelve y yo digo: "¿Qué he hecho?" Fui a un estado y lo vestí con la realidad. Le di todos los matices de un mundo objetivo, y me parecía tan real que le di la bendición para ser real – para nacer. Ahora este vuelve, y sin decir una palabra, me está diciendo: "Tú te engañaste. Tú fuiste engañado por mi hermano, el estado subjetivo llamado Jacob." Y yo me digo – sabiendo quién es Dios realmente: que Él no puede retirar Su bendición. Él le dio el derecho a nacer, el derecho a convertirse en objetivo, el derecho a convertirse en real, y en 24 horas nació – fue real.

Y entonces, tres semanas después yo zarpé en ese barco y completé el viaje entero. Lo he repetido una y otra vez, y nunca falla. Y aquellos que lo crean y lo pongan a prueba no pueden fallar. No pueden fallar. Este es el principio de las Escrituras.

Así que ¿le darás efectivamente los matices de la realidad? ¿Creerás efectivamente, ante todo, que el Dios que tú ahora adoras como algo fuera, realmente existe dentro de ti como tu propia maravillosa imaginación humana? Si creyeras eso, y no pensaras que soy un blasfemo por decirlo y pensar que soy algo maldito por haberlo pronunciado – pero puedo decirte, yo espero por tu bien que lo creas. Pero realmente, en el fondo de mi corazón, si lo crees o no, no me preocupa, porque llegará el día que tú tendrás que creerlo porque lo experimentarás. Si sólo puedo ayudarte a acelerar ese día, eso es por lo que estoy aquí. Pero decirte realmente que te voy a golpear la cabeza y hacer que lo creas, no. No soy indiferente a que lo creas; yo sólo puedo apelar a que lo creas por tu propio bien, para que puedas tomar cualquier cosa que tengas y trascenderla por el uso de esta ley. Lo que tengas en este mundo, puedo decirte, ¡nadie está realmente satisfecho! Yo cené bien hoy, pero mañana voy a tener hambre. Y el hambre está siempre con el hombre, y Dios es la satisfacción última del hambre, pero eso no ha llegado aún a la mayoría.

Él nos dice en el capítulo 8, versículo 11, de Amos: "Yo enviaré una hambruna sobre el mundo; no será un hambre de pan, o una sed de agua, sino de oír la palabra de Dios." Ahora, eso llega al final mismo, pues el hombre medio no está hambriento de la palabra de Dios. Él es complaciente. Él dirá: "¡Yo soy cristiano!" ¡Y qué! "Yo soy cristiano. Voy a la iglesia. Yo contribuyo a la iglesia", y así él piensa que eso significa todo lo que él hace como cristiano – se detiene justo ahí.

Bueno, el hambre no es satisfecha, porque cuando Él envía ese hambre sobre el individuo, nada sino una experiencia de Dios puede satisfacerla. Hasta que Él envía ese hambre, todas las demás hambres se pueden satisfacer; como el hambre de seguridad, el hambre de un trabajo mejor, el hambre de un aumento de autoridad en tu posición actual, el hambre de – lo que sea. Toda hambre puede ser satisfecha si tú aplicas este principio. Pero entonces vendrá ese día que Él enviará la hambruna sobre ti; pues tú eres la tierra de la que Él habla. Esto no tiene nada que ver con el mundo; la hambruna en el mundo, o si hay hambruna por todo el mundo, porque ellos no saben cómo satisfacerla. Hay hambruna, pero esa no es la hambruna de la que Él habla. Él dice que no es un hambre de pan, no es una sed de agua, ¡sino de oír la palabra de Dios!

Yo estoy dándote la palabra de Dios como yo personalmente la he experimentado. De modo que, esta noche, inténtalo. Cierra los ojos a lo obvio. Ese es Esaú; envíale a cazar. Y luego auto-engáñate. En su ausencia, trae al "segundo hijo", que es el Señor del Cielo, y vístelo con los matices de la realidad, y siente cuán real es. Dale toda la vividez sensorial, y cuando tome todos los matices de la realidad, ¡abre los ojos! Entonces Esaú vuelve de la caza, y entonces tú le dices lo que has hecho, y él grita porque tu hijo – el "Segundo Hombre" – te ha engañado y le ha traicionado la segunda vez.

Cada día puedes aplicar este principio y volverte auto-engañado, pero funciona. Pero siempre mantenlo dentro del marco de la Regla de Oro, de modo que nadie sea dañado. No importa quién obtuvo el pasaje ni importa lo que llevó a la mujer a no tomarlo. No importa qué llevó al pasajero de Nueva York a cancelarlo. Yo no tengo quejas, ni palabras. Simplemente hice lo que fui llamado a hacer. Yo quería salir. Yo me encontré encerrado – encerrado hasta Octubre como más pronto, con mis compromisos en Milwaukee en marcha. Yo no podía hacer eso. Tenía que volver, y volví. ¡Lo hice!

Así que yo te digo, este principio no puede fallarte. Pero nosotros somos el poder operante. Y no te pongas de rodillas y reces a un dios externo. Haz exactamente lo que el gran Willian Lyons Phelps hizo, y dile al mundo entero: "No estoy hablando contigo, querida," – estoy comunicando con mi Ser. Y si doy gracias por lo que ha sucedido, no te las doy a ti; doy al Ser dentro de mí, constante alabanza por este poder milagroso que está alojado dentro de mí. Y caminas en la conciencia de ser constantemente lleno de alabanza por este poder milagroso que se convirtió en ti, ¡para que tú puedas convertirte en Él! Y ese poder es el Señor Jesucristo que está en ti, y no hay otro.

Así, cuando el mundo entero está buscando que Él venga de fuera, como el gran evangélico hoy ha dicho: "Es inmanente. Él está en nosotros. Él ha venido. Y yo estoy aquí para darle gracias a Él." Él esperará para siempre en vano. Pues cuando Él viene, no viene de fuera. Cuando Él viene, surge desde dentro, ¡y tú eres Él! De modo que él está llegando a millones de personas, pero él está en el jardín de infancia. ¿Y qué esperas? Él no puede darles más que leche. Pero con el tiempo, tú tienes que ser destetado, y tomar carne, y luego el verdadero significado del gran misterio de la fe cristiana.

El mundo lo ha aceptado en una anécdota. Todo eso está muy bien, pero no por siempre y para siempre seguir viendo sólo la anécdota. Aprende a extraer el significado de la historia, y espera que se desarrolle dentro de ti.

Mientras tanto, aplica lo que has oído esta noche, y antes de que me vaya de la ciudad al final de la próxima semana, deberías ser capaz de decirme que lo que esta noche deseas, lo tienes.

Ahora entremos en el silencio.

GUÍA PRÁCTICA

-

EJERCICIOS PRÁCTICOS

1. Estado del Deseo Realizado: Siéntate en un lugar tranquilo y visualiza una escena que represente el cumplimiento de tu deseo, como si ya fuera un hecho. Integra todos tus sentidos: ve, escucha y siente lo que experimentarías en ese escenario.

2. Puente de Incidentes: Imagina una cadena de eventos que naturalmente te llevarían a tu meta. Visualiza cada paso como si ya estuviera ocurriendo, incluyendo las emociones asociadas con cada etapa.

3. Diario de Logros Simulados: Escribe diariamente en tu diario como si ya hubieras logrado tu meta. Incluye detalles específicos de lo que lograste, cómo te sientes y cómo reaccionan las personas a tu alrededor.

-

REFLEXIONES GUIADAS

1. ¿Qué limitaciones internas (creencias, miedos) identificas que podrían estar bloqueando tus deseos? ¿Cómo podrías comenzar a desafiarlas?

2. Reflexiona sobre un momento en el pasado donde lograste algo que inicialmente parecía imposible. ¿Qué aprendiste de esa experiencia que puedas aplicar ahora?

3. ¿Cómo cambiaría tu vida si realmente creyeras que tu imaginación es el poder creativo detrás de tus circunstancias actuales?

-

CONCEPTOS DE PSICOLOGÍA POSITIVA

1. Fluir con la Imaginación: Practica entrar en un estado de "flow" al imaginar tus deseos cumplidos. Este estado te permite conectar profundamente con tus objetivos sin distracciones.

2. Optimismo Realista: Adopta una perspectiva de optimismo realista: confía en que tus deseos se materializarán mientras tomas acciones inspiradas que reflejen esta fe.

3. Mindfulness Creativo: Integra técnicas de mindfulness para anclar tu mente en el momento presente mientras visualizas tus metas, fortaleciendo la conexión entre imaginación y realidad.

-

CITAS DE TEXTOS ESPIRITUALES

1. Biblia - Hebreos 11:1: "La fe es la certeza de lo que se espera, la convicción de lo que no se ve." Esto refuerza la idea de Neville sobre asumir el estado deseado como ya cumplido.

2. Bhagavad Gita 6:5: "Uno debe elevarse por uno mismo, no degradarse. El yo es amigo del ser elevado y enemigo del ser inferior." Esto se alinea con la responsabilidad personal que Neville destaca.

3. Proverbios 23:7: "Porque como piensa en su corazón, así es él." Este principio resalta cómo los pensamientos y la imaginación moldean nuestra realidad.

-

PERSPECTIVAS DE AUTORES RELACIONADOS

1. Joseph Murphy (El Poder de tu Subconsciente): Explica cómo el subconsciente responde a las imágenes mentales claras y persistentes, complementando las técnicas de Neville de visualizar como si ya fuera real.

2. Florence Scovel Shinn (El Juego de la Vida y Cómo Jugarlo): Promueve la afirmación positiva y la fe en que lo que deseamos ya es nuestro, similar al énfasis de Neville en la imaginación creativa.

3. Wayne Dyer (Tus Zonas Erróneas): Destaca cómo liberarse de creencias limitantes puede desbloquear el potencial infinito, en línea con el concepto de superar las restricciones del "primer hombre" en Neville.

LA CASA DEL ALFARERO

Neville Goddard
(25-10-1971)

Esta historia se narra en el capítulo 18 del libro de Jeremías. "La palabra del Señor vino a Jeremías: 'Baja a la casa del alfarero, y allí te haré oír mis palabras.' Entonces bajé a la casa del alfarero, y allí estaba él trabajando en el torno. Y la vasija de barro que estaba haciendo se echó a perder en sus manos, y volvió a hacer de ella otra vasija, como mejor le pareció al alfarero." (Jeremías 18:1-4).

Ahora, como les dijimos la semana pasada, estas historias son parábolas. Deben extraer el significado de la historia. En el capítulo 64 del libro de Isaías, leemos: "Oh Señor, tú eres nuestro Padre, nosotros el barro, y tú nuestro alfarero; todos somos obra de tus manos." (Isaías 64:8). Aquí se equipara al Señor nuestro Padre con el alfarero, y se establece claramente que nosotros somos el barro.

Si debo bajar a la casa del alfarero, no necesito moverme del lugar donde estoy. ¿Acaso no se me dice: "Somos el templo de Dios y el Espíritu de Dios habita en nosotros"? (1 Corintios 3:16). Entonces, ¿a dónde podría ir, sino al lugar donde ya estoy? Por lo tanto, este [indicando el cuerpo] es la "casa del alfarero."

La palabra alfarero, según la definición bíblica en la concordancia de James Strong, significa imaginación. Significa "determinar; formar una resolución." Ahora bien, yo determino ser cierto hombre, que en este momento la razón me dice que no soy. Mis sentidos me dicen que no soy. Sin embargo, me gustaría serlo.

Si no soy el hombre que me gustaría ser, entonces el barro que estoy usando —que es el ser que soy, ya que se me dice que somos barro—, esa vasija está echada a perder en mi propia percepción. Pero en lugar de desecharla, debería rehacerla en otra vasija, como mejor me parezca. Ahora bien, ¿cómo rehaceré este barro?

Primero, debo saber lo que me gustaría ser, porque eso implica "determinar." Debo tomar esa decisión. ¿Qué me gustaría ser? No lo modifico. Sé que el Señor lo hará. Sé exactamente lo que quiero ser.

Déjenme hacer una pregunta muy sencilla: ¿Qué tal si fuera verdad? ¿Cómo vería el mundo? ¿Qué sentiría? ¿Qué escucharía si fuera verdad? Entonces, déjenme asumir que es verdad, que soy el hombre que quiero ser. Luego busco confirmación en mi imaginación y veo a mis amigos como tendría que verlos si fuera verdad. Los dejo verme como tendrían que verme si fuera verdad. Ahora estoy rehaciendo la vasija en mi propia imaginación, porque esa es el alfarero.

¿Funcionará? Sé por experiencia que funciona. Lo único que pido a otros es que lo prueben. No lo juzguen; pruébenlo. Y verán que vivimos en un mundo de imaginación, que la imaginación humana es Dios.

Cuando Blake dijo: "No conozco otro cristianismo ni otro evangelio que no sea la libertad de cuerpo y mente para ejercer las artes divinas de la imaginación," añade: "Los apóstoles no conocían otro evangelio." [Wm. Blake, "Jerusalén... 'A los cristianos'"].

Este misterio ha sido contado en forma de relato porque:

"La verdad encarnada en un relato Penetra por puertas humildes."

El hombre encuentra difícil pensar en abstracto, así que toma la gran verdad y la narra en forma de historia. A ti y a mí nos contaron la historia, pero no hemos ido más allá de ella para descubrir lo que realmente quieren decirnos. Lo que quieren decirnos es: nuestra maravillosa imaginación humana es Dios. ¿Por qué estamos aquí temblando, clamando a Dios por ayuda, cuando está en nosotros mismos, donde Dios habita?

Si Él habita en mí, tengo que descubrir dónde está. Cuando descubro que Él es el único poder creador en el mundo, descubro que es mi imaginación. No siempre tendré el control de mi imaginación. Durante el día, quizá me avergüence de incontables cosas que he imaginado. Pero, como se me dice en las Escrituras: "Yo soy el Señor, y no hay otro dios fuera de mí; yo mato y doy vida, hiero y sano." (Deuteronomio 32:39). Yo creo el mal y he formado el bien, porque no hay otro poder creador en el mundo.

No puedo recurrir a un ser maligno y llamarlo Dios, y luego recurrir a una cosa buena y llamarla otro Dios. Es el mismo poder creador. La luz que ilumina la habitación podría electrocutarme si la mal uso, y sin embargo sirve para iluminar. Puedo usarla para mil propósitos, o puedo mal usarla. Eso es lo mismo que hacemos con nuestra imaginación. La imaginación humana es Dios.

"El hombre es toda imaginación, y Dios es el hombre, y existe en nosotros, y nosotros en Él." [Wm. Blake, de "Annotations to Berkeley's Siris"]. "El Cuerpo Eterno del hombre es la imaginación, y ese es Dios mismo." [Blake, de "Laocoonte, 'El ángel de la presencia divina'"]. Ese es el Cuerpo Divino que llamamos Jesús, y Jesús está crucificado en el hombre, enterrado en el hombre, y está despertando en el hombre como la imaginación humana que todo hombre ansía. Y cuando despierte en el hombre, el hombre sabrá Quién es Jesús. ¡Sabrán Quién es Dios!

Por tanto, la "casa del alfarero" es justo donde estás sentado ahora mismo. No necesitas ir a ningún lugar para encontrarla. De hecho, porque eres uno con Dios, Dios nunca podría estar tan lejos como para estar cerca, porque cercanía implica separación, y Él no está separado del hombre. No hay lugar donde puedas ir y separarte de tu imaginación.

Puedes divorciarte del cuerpo. Puedes separarte del cuerpo, pero no puedes separarte de tu imaginación, porque "Dios (literalmente) se hizo como nosotros, para que seamos como Él." [Wm. Blake, de "There Is No Natural Religion"]. No está pretendiendo ser nosotros; literalmente se hizo como nosotros, y Él es nuestra maravillosa imaginación humana.

Se nos dice: "Por Él todas las cosas fueron hechas, y sin Él no se hizo nada de lo que se ha hecho." (Juan 1:3). Bueno, menciona algo que no haya sido primero imaginado. No hay nada que puedas nombrar que no haya sido primero solo imaginado. Y si "por Él todas las cosas fueron hechas, y sin Él no se hizo nada de lo que se ha hecho," entonces tenemos que encontrarlo. Y lo encontrarás como tu maravillosa imaginación humana. ¡Ese es Dios!

La adoración a Dios es simplemente usar Su don. Su don es Él mismo. ¡Él me dio a Sí mismo! Esa es la verdadera y real adoración a Dios. No se trata de inclinarse ante algo que las manos humanas hicieron y pusieron en la pared para luego persignarse por suerte, pero eso es lo que hace el mundo. Hacen algo pequeño y luego lo adoran... aquello que fue hecho con manos humanas.

No, el Dios que adoro, y el Dios que todo el vasto mundo adorará... adorarlo es simplemente usar Su talento. Él dijo: "A uno le dio cinco talentos, a otro dos, a otro uno, a cada uno según su capacidad. Luego se fue," como se nos dice en el capítulo 25 del libro de Mateo. (Mateo 25:15). Se fue... en otras palabras, se hizo invisible. Se nos dice que se vuelve invisible, así que no es algo objetivo para que yo adore. Él toma residencia en mí. Se hizo como yo soy, y tengo que usar ese talento y usarlo sabiamente. Lo uso sabiamente cada vez que ejerzo mi imaginación de manera amorosa. No importa si lo hago por mí o por mi ser proyectado. Todo el vasto mundo es mi ser proyectado. Entonces, si encuentro un aspecto de mí mismo... un amigo, un pariente o un completo extraño, y veo la necesidad, sin su consentimiento, puedo simplemente ejercer mi imaginación de manera amorosa en su nombre y ver si puedo tomar eso, en lugar de desecharlo, y remodelarlo y darle una mejor forma.

¿Qué creo que le gustaría ser? Bueno, podría preguntarle: ¿Estás satisfecho con la vida? Tal vez me diga que no, que le gustaría más dinero, mayores ingresos, seguridad, mejor salud... lo que sea. Entonces, sin mover un dedo ni pedir ayuda a nadie, puedo, utilizando mi talento —mi imaginación—, representarlo ante mí como lo vería si eso fuera verdad. Y sin esperar confirmación, asumir que es verdad, sabiendo en mi corazón que: "La visión [que ahora es mi visión] tiene su hora señalada. Se apresura hacia el fin y no fallará. Aunque tarde, espérala, porque sin duda vendrá, no tardará." (Habacuc 2:3). No tardará la visión que he tenido, porque toda semilla tiene su hora señalada. Un hombre nace en nueve meses, un caballo en doce meses; no sé cuánto tarda un elefante, pero un pollo en veintiún días. Toda semilla tiene su propio tiempo perfecto.

Entonces, esa semilla peculiar que acabo de plantar para un amigo o para mí mismo... no sé cuánto tardará, pero debo creer realmente en ella. Y cuando lo creo, la suelto. Una semilla debe caer en tierra y descomponerse para que cobre vida. No puedo sostenerla en mi mente; si la retengo y no la dejo ir, seguirá siendo solo una semilla. Debo dejarla caer en la tierra y permitir que se descomponga. Cuando se descompone, significa que la he soltado de mi mente. Ya lo hice. Eso es todo lo que puedo hacer. Y luego, en su maravillosa hora señalada, dará fruto.

Ahora, pruébalo y ve cómo funciona. Te apuesto a que funcionará. De hecho, está funcionando mañana, tarde y noche, aunque no seamos conscientes de ello. Todo el día tú y yo estamos cosechando lo que hemos hecho. Lo hemos imaginado, y luego la cosa se realiza, pero no reconocemos nuestra propia cosecha cuando surge, porque nuestra memoria es muy defectuosa y no recordamos cuándo hicimos algo así. Y, sin embargo, no podría surgir si, en algún momento, alguien no lo hubiera imaginado.

Así que, "Baja a la casa del alfarero"... Siempre estoy en la casa del alfarero... "y allí te haré oír mis palabras." (Jeremías 18:2). En una visión... en un sueño nocturno, un sueño profundo cae sobre un hombre mientras está en su cama, y abre los oídos de los hombres y sella sus instrucciones. Esto lo leerás en el capítulo 33 del libro de Job. (Job 33:15-16).

Hace muchos años tuve esta visión. En espíritu, fui llevado al cambio de siglo en la ciudad de Nueva York, en la Quinta Avenida, cuando tenían estas enormes mansiones palaciegas, totalmente equipadas, para los grandes magnates financieros de la época. Esto fue antes de que los impuestos sobre la renta les quitaran su fortuna. Si ganabas diez millones, te quedabas con diez millones. Los gastabas, pero no pagabas nada en impuestos. Así que estas mansiones palaciegas estaban en la

Quinta Avenida, y mantenían sus caballerizas en el lado oeste. Eran hogares enormes. Algunas aún quedaban cuando llegué a Nueva York en 1922. Los Vanderbilt y los Astor todavía estaban allí. Pero fui llevado en espíritu al interior de una de estas mansiones, y allí había tres generaciones. La más antigua no estaba presente. El hombre que hablaba se refería a él como "Padre," pero era el abuelo de los que estaban allí. Estaban el abuelo, el padre que hablaba, y los hijos a quienes el padre se dirigía, y él estaba contando el secreto de su padre a sus hijos.

Dijo: "Padre solía decir, mientras estaba parado en un terreno baldío, 'Recuerdo cuando esto era un terreno vacío.' Entonces pintaba con palabras un cuadro tan vívido que realmente podías verlo, con el edificio sobre él, aunque era un terreno baldío.

Y creía en la realidad de lo que hacía. Y ahora tú y yo estamos disfrutando de las fortunas que dejó. Ese era su secreto: Recuerdo cuando... y luego pintaba el cuadro con palabras. Sabía exactamente lo que quería para ese terreno."

Ahora, ese era el secreto. Me desperté y lo escribí. Luego volví a dormirme y soñé el sueño de nuevo, pero esta vez, en lugar de estar escuchando a escondidas y oyendo a un hombre contarles a sus hijos lo que hizo su padre para tener éxito, me convertí en el abuelo. No estaba hablando con otros, simplemente estaba en comunión conmigo mismo. Y me decía: "Recuerdo cuando esto era solo un terreno baldío. ¡Míralo ahora!"

Bueno, podrías tomar esa misma técnica y aplicarla a cualquier cosa en el mundo. "Recuerdo cuando no tenía trabajo." "Recuerdo cuando él no tenía dinero." Si digo, "Recuerdo cuando él no tenía dinero," eso implicaría que ahora tiene dinero. "Recuerdo cuando no podía contribuir a ninguna causa benéfica en el mundo. De hecho, ¡él era quien recibía ayuda!" Eso implicaría que hoy puede contribuir y ya no está en el lado de los que reciben.

Bueno, esa fue una lección que me fue revelada. Porque se nos dice: "En un sueño, en una visión de la noche… Él abre los oídos de los hombres y sella su instrucción" (Job 33:15-16), en forma de visión. Me lo revelaron de manera tan vívida que lo comparto contigo. Si puedes quedarte completamente quieto y asumir que las cosas son como te gustaría que fueran, pero que en este momento no lo son, entonces puedes decir: "Recuerdo cuando." Ahora, permanece fiel a la visión y olvida la apariencia del momento. La apariencia te dice que no puede ser. La razón lo niega, y tus sentidos lo niegan. Pero si tomas esta revelación que me fue dada, tal como es dada a todos… porque todos estos sueños vienen de lo profundo del alma del hombre; está hablando a la mente consciente. La mente consciente ahora te está diciendo lo que oyó en las profundidades de su propia alma. Y las profundidades de mi alma están unidas a mí. Tu alma está unida a ti, porque solo hay un Dios.

Pero parece estar fragmentado cuando llega a la superficie porque hay innumerables individuos en mi mundo. Pero en lo profundo de mi ser, solo hay Dios. En lo profundo de tu ser, solo hay Dios. Y porque Dios es uno, y solo uno, esa profundidad está hablando a la mente consciente en todos nosotros.

Así que, aquí puedes intentarlo. Quédate completamente quieto, y simplemente recuerda cuándo… "Recuerdo cuando no podía entrar en ese club," o "cuando no podía cenar en ese lugar," lo cual implica que ahora puedo ir allí y puedo cenar donde quiera porque tengo los medios. Bueno, simplemente haz eso.

Cualquier cosa que desees en este mundo, toma esa técnica y pruébala. Aquí está la historia del alfarero… él está rehaciendo la vasija; no la desecha. El hombre descartará a un amigo si este no logra salir adelante. No quiere más amistad porque siempre le pide ayuda. Bueno, en lugar de desechar al amigo, rehaces la vasija. En lugar de descartar a alguien en este mundo, lo rehaces en tu mente, y te sorprenderás, a medida que pasa el tiempo. Esa persona se encuentra... de manera lucrativa, haciendo todas las cosas que no podía hacer antes, y no sabe que tú lo hiciste. Nunca necesitas decirle que lo hiciste.

Realmente no importa.

¿Qué importa si sabe que plantaste la semilla por él? Porque al final, de todos modos, somos uno. En realidad, solo hay un cuerpo, un Espíritu, una esperanza, una fe, un Señor, un bautismo, un Dios y Padre de todos. (Efesios 4:4-6) Al final, cuando el hombre descubra quién realmente es, encontrará un cuerpo, y ese único cuerpo es el único Señor. Y llamamos a ese Señor "Jesucristo." Y Jesucristo es tu propia maravillosa imaginación humana, que es el Cuerpo Divino de Dios. Pero el hombre lo golpea mañana, tarde y noche con el mal uso de su talento. Él literalmente se entregó a nosotros... no de una manera incierta. "Él (literalmente) se hizo como nosotros, para que nosotros podamos ser como Él." [Wm. Blake, "There Is No Natural Religion"]

Esta es la historia de la Biblia tal como la leo, así que cuando la veo, no la veo como historia secular. No puedo verla como historia secular, porque he experimentado las Escrituras. Cuanto más hombre experimenta las Escrituras, más se integra dentro de sí mismo Jesús. Está comiendo del cuerpo de Jesús y bebiendo la sangre mientras experimenta las Escrituras, porque todo se trata de este único Ser. El único Ser está crucificado en la Humanidad y sepultado en el hombre. Permanece sepultado en el hombre hasta que despierta en él, y cuando despierta en él, Él es el hombre en quien despierta. No es otro que viene de fuera, como piensa el mundo.

Los grandes y populares evangelistas de hoy representan a Cristo como alguien que viene de fuera para salvar al mundo. Bueno, esperarán para siempre. Si esperan hasta el fin de los tiempos, Él no puede venir de fuera. ¿No está dentro de nosotros? ¿No se nos dice: "Examinad vosotros mismos, y ved. ¿No os dais cuenta de que Jesucristo está en vosotros?" (II Corintios 13:5) Bueno, si está en mí, ¿por qué buscar afuera?

¿Qué señales estoy tratando de encontrar en el mundo para su venida? Podrías encontrar todo tipo de señales. Él no viene por estas señales. Sus señales están claramente expresadas para nosotros en la historia de Jesús en las Escrituras. Todo lo que se dice de Él es literalmente cierto, y vas a experimentarlo. Pero mientras tanto, podemos ejercer el talento, porque el que tenía cinco hizo cinco más, y lo elogió mucho, diciendo: "Entra en el gozo de tu Señor" (Mateo 25:21), que es la gloria de Dios. El que tenía dos lo duplicó; hizo cuatro, y también fue altamente elogiado.

Pero el que lo enterró porque tuvo miedo de usarlo... fue condenado. El talento le fue quitado. Así que no entierren el talento y digan: "Bueno, esto puede ser estúpido, pero lo intentaremos." Y cuando lo intenten, se probará a sí mismo en la prueba, y cuando se pruebe en el desempeño, ¿qué importa lo que digan los demás, o cuán insensato pueda parecer para la mente racional? Si se prueba a sí mismo en la prueba, entonces úsalo. Pero enterrarlo, como hacen tantas personas... ni siquiera lo probarán. Bueno, les pido que lo prueben, y encontrarán Quién es Dios.

Él no está ni siquiera más cerca que las manos y los pies, porque puedes cortar la mano, pero no puedes cortar a Dios. Puedes cortar el pie, pero no puedes cortar a Dios. Puedes sacar todo tipo de partes del cuerpo; puedes sacar un pulmón. Puedes sacar todo tipo de cosas. Incluso han sacado un corazón y han puesto otro, pero no puedes hacer eso con Dios, porque Él es tu ser real. Él literalmente se hizo como eres tú, para que tú seas como Él es.

[Alguien entra en la habitación] Entra. Sé mi invitado. Llegas tarde. Estamos discutiendo la técnica aquí, y te pondrás al día en un momento. Blake afirmó que Dios es la imaginación humana del hombre, llamada en las Escrituras "el Padre". Y estamos moldeando y moldeando dentro de nuestro propio ojo mental todo lo que está sucediendo en nuestro mundo; que el mundo es simplemente la imaginación del hombre proyectada hacia afuera. Y en lugar de descartar objetos en nuestro mundo, simplemente los remodelamos. Y el objeto es simplemente un hombre, cualquier hombre, cualquier cosa en el mundo que sea nuestro mundo, y ya no los desechamos, sino que descubrimos quién somos. Tomamos la vasija hecha de barro... y somos el barro. Somos el alfarero. El alfarero es nuestra maravillosa imaginación humana. Y simplemente lo remodelamos. No lo descartamos; lo remodelamos, y luego lo dejamos, en su propio buen tiempo, llegar a ser. "La visión... tal como tú y yo la hemos remodelado... tiene su propia hora designada, y madura y florecerá." Si nos parece que tarda mucho en llegar, seamos pacientes, "...es segura, y no se hará tarde." (Habacuc 2:3)

Estas cosas siempre funcionan. Si algo es grandioso, puede tomar dos años o un año o incluso más. ¿Qué importa? Llegará si estoy seguro de que llegará. Te estoy diciendo que funciona de esta manera.

Ahora, volvamos a otro aspecto de las Escrituras. No me resulta extraño, aunque a otros les pueda parecer extraño, pero no es extraño si tú y yo parecemos tener una confianza mucho mayor en el sentido del tacto. Estamos mucho más convencidos por el sentido del tacto que por la vista, el oído o el olfato. Esto se nos dice en el capítulo 27 del libro de Génesis. Si no estás familiarizado con esta historia, déjame refrescarte la memoria, si alguna vez la has escuchado pero la has olvidado. Es la historia de Isaac y sus hijos. Él está a punto de morir, o cree que está a punto de morir.

Él dice: "Me queda muy poco tiempo, pero no sé la fecha de mi muerte, y soy ciego. Mi vista está débil y no puedo ver." Y quería comer algo sabroso, así que llamó a su hijo Esaú y lo envió al campo a cazar, para que le trajera algo de caza y lo preparara de la manera sabrosa que le gustaba, para que pudiera comer. Ahora aquí está la comida.

Su esposa escuchó lo que le dijo a Esaú, pero ella amaba a Jacob, así que cuando Esaú salió a cazar, ella se acercó a su hijo Jacob y le contó lo que su esposo había dicho. Entonces le dijo: "Haz lo que te diga. Ve al rebaño, y toma dos cabritos y prepáralos para mí. Yo haré la comida y los haré sabrosos como a tu padre le gustan, y te daré un manto que le pertenece a Esaú. Cuando llegues a él, él sentirá el pelo sobre ti. Tomaré las pieles de los cabritos y cubriré tus manos y la parte suave de tu cuello."

Entonces, cuando él llegó con la comida preparada tal como su madre se la había preparado, el padre le dijo: "Acércate, hijo mío, para poder tocarte. Tu voz es la voz de Jacob, pero acércate para que pueda tocarte." Y cuando lo tocó, dijo: "Estas son las manos de Esaú", y luego le dio la bendición. Todo fue determinado por el tacto. Podía escucharlo. Oyó la voz, pero no confiaba en lo que oía. Quería tocarlo.

Encontramos ese mismo sentido del tacto a lo largo de la Biblia. Cuando Tomás dudó de la resurrección, dijo: "Si tan solo pudiera tocarte." Él dijo: "Pon tus manos y siente." (Ver Juan 20:27). Oyó la voz, pero no lo creyó. Vio, pero no lo creyó.

Luego, cuando la niña lo tocó, Él dijo: "¿Quién me ha tocado? Porque percibo que ha salido poder de mí" (Ver Lucas 8:46)... todo basado en el tacto.

Así que no es extraño que tú y yo tengamos una mayor confianza y creamos mucho más en el sentido del tacto que en la vista, el oído o el olfato.

Aquí está esta historia, y ahora, de una manera simple, así es como la aplicamos:

Piensa en algo que esté distante... cualquier cosa, no me importa qué sea. Puede ser un lugar, puede ser una condición que crees que va a tomar tiempo lograr. Ahora, acércalo. Él dijo: "Acércate, hijo mío." Bueno, si piensas en algo, eso es tu descendencia... tu idea. Piensas en un viaje, digamos, a la ciudad de Nueva York. Está a tres mil millas de distancia. ¿Cómo lo acercaría y lo haría cercano? Bueno, estoy aquí donde estoy, y luego lo "acercaré". Lo acerco cada vez más, y luego lo ocupo. La gran debilidad del hombre es que siempre está construyendo y construyendo, pero no ocupa; construcción perpetua pero sin ocupación. No entra y lo ocupa, y le da lo que yo llamaría una vividness sensorial y una especie de realidad cúbica. Siempre es como un boceto para él en el ojo de su mente.

A medida que lo ocupas, te rodea. No puedo estar en San Francisco y en Nueva York al mismo tiempo, pero para probar que estoy en Nueva York, entonces dejadme pensar en San Francisco. Debo verlo al oeste de mí, a tres mil millas de distancia. No puedo verlo debajo de mí ni a mi alrededor. Debo girar mi ojo mental hacia el oeste... tres mil millas hacia el oeste. Luego le doy esto... ahora Nueva York... toda la vividness sensorial, todos los tonos de realidad que puedo reunir.

Luego abro los ojos, ¿y qué pasa? Bueno, San Francisco regresa. Bueno, esa es la historia tal como se cuenta respecto a Esaú y Jacob. De repente lo recuerda, y Jacob ahora desaparece. Este estado objetivo que acabo de apropiarme, cuando regresé a mi mente racional consciente, ha desaparecido, y esto parece la única realidad, pero yo digo que no puedo quitar mi bendición. Di a ese estado mi bendición, el derecho a nacer, y no puedo quitarlo. Se llama el derecho de nacimiento. Así que le dio el derecho de nacimiento, el derecho de nacer.

Entonces, cuando este estado se queja de que lo robaron, el padre dice: "Le he dado el derecho de nacimiento y no puedo quitarlo; no puedo quitarlo." En otras palabras, después de haber sentido realmente que estaba en Nueva York, cuando abrí los ojos en esta habitación y encontré que me estaba engañando a mí mismo, toda esa experiencia fue simplemente autoengaño. Me digo a mí mismo, después de haberlo hecho una y otra vez, "No importa." Parece que me estoy autoengañando, pero sé por experiencia que ahora un puente de incidentes comenzará a construirse. No lo construyo conscientemente, pero alguna serie de eventos ocurrirá, y pasaré por este puente de incidentes que me llevará de donde estoy ahora a donde estaba en mis imaginaciones y no puedo resistirme.

Te pido que no lo intentes a menos que seas serio, porque funcionará. Y muchas veces lo intentarás en un momento de ocio sin saber que esto va a funcionar, y cuando menos lo esperes, cuando ya hayas hecho planes para otras cosas, tendrás que cancelar esos planes porque va a funcionar.

Te contaré una experiencia mía. En 1941, en el mes de febrero, había sacado el libro titulado "Tu Fe Es Tu Fortuna". Mi audiencia en esos días en la ciudad de Nueva York sumaba, digamos, mil personas tres veces a la semana. Pensé que tendría una audiencia decente, pero esa noche nevó y nevó. Empezó alrededor del mediodía y siguió nevando. Comenzaba mis conferencias por aquellos días alrededor de las ocho y cuarenta y cinco, y de repente nadie vino. No tenía más de cien personas, cuando estaba acostumbrado a mil. No pudieron llegar. Debíamos tener entre catorce y dieciséis pulgadas de nieve, y nadie podía llegar. Así que cuando regresé a casa estaba un poco decepcionado por la asistencia porque había sacado mi nuevo libro y quería tener al menos una audiencia bastante grande.

Esa noche, esto fue lo que hice. En un momento de ocio... no lo hice conscientemente, pero lo hice; me dormí en mi habitación, y supuse que estaba en Barbados, a dos mil millas de distancia, en la pequeña isla llamada Barbados. Me dormí sintiendo que estaba en la casa de mi madre. Podía escuchar las hojas de coco contra la madera. Podía oler el aroma que solo proviene de los trópicos. Podía sentir toda la atmósfera de Barbados, y pensé en la ciudad de Nueva York y la vi al norte de mí, a dos mil millas de distancia, y me quedé profundamente dormido en esa suposición.

Cuando desperté por la mañana, la nieve aún estaba en el suelo, digamos, catorce o quince pulgadas de nieve. Hice planes para que mi esposa y yo fuéramos a Maine en el mes de agosto de vacaciones y envié un depósito para reservar mi lugar. En el mes de agosto... a finales de agosto... recibí un cable de Barbados diciendo que mi madre estaba gravemente enferma, y no querían contarme nada al respecto porque estábamos en guerra. Al menos, Inglaterra estaba en guerra. Y no había transporte, solo un par de barcos saliendo, y no querían perturbarme. Mi madre estaba gravemente enferma, y su enfermedad era terminal. No había posibilidad de recuperación. Y si era posible hacer el viaje, ella quería verme antes de morir. Todos los demás estaban presentes. Yo era el único que faltaba.

En veinticuatro horas, mi esposa y yo partimos hacia Barbados. El barco salía esa noche, y no habríamos podido reunir todas las cosas necesarias, pero salimos hacia Barbados en lugar de ir a Maine. No tenía planes de ir a Barbados, pero de repente llegó el cable revelando la necesidad de ir a Barbados, y fuimos a Barbados, y no fuimos a Maine.

Lo que hice en febrero tardó aproximadamente siete meses en madurar. Lo hice... lo hice conscientemente, sin pensar ni por un momento... lo hice solo para relajarme y ponerme en ese estado de ánimo porque estaba decepcionado de que la multitud no había salido a comprar mi nuevo libro, "Tu Fe Es Tu Fortuna". Así que te lo digo por experiencia, no lo hagas en un momento de ocio, porque cuando plantas algo, eso todavía está viniendo a la existencia. Va a llegar a la existencia y va a alterar tus llamados planes conscientes. Funciona de esa manera. Así que sé que cuando regrese a este mundo, realmente no importa. Estoy aquí ahora, perfectamente simple, y hago algo en el ojo de mi mente y le doy vividness sensorial y le doy los tonos de la realidad, y luego abro los ojos, y esto me sorprende, porque me dice que lo que acabo de hacer fue autoengaño. Te engañas a ti mismo. Todo está en tu imaginación. Pero ahora sé que mi imaginación es la única realidad; que este mundo sigue siendo el mundo de la imaginación, y que todas las cosas que veo como un hecho objetivo en mi mundo... todas ellas son "proyectadas" debido a mis actos imaginados.

Intentar cambiar las circunstancias antes de cambiar mi actividad imaginativa es trabajar contra la propia naturaleza de las cosas. No puede cambiar por sí mismo. Solo puede cambiar cuando yo cambio la actividad imaginativa. Así que, si ahora realmente conozco al hombre que me gustaría ser, aunque en este momento la razón lo niegue y mis sentidos lo nieguen... si realmente sé lo que me gustaría ser de tal manera que pudiera escribirlo, nombrarlo, declararlo... bueno, entonces, en mi ojo mental, asumo que soy ese hombre. Y para probar que soy ese hombre, miro los rostros de mis amigos, miro a las personas en mi mundo y las dejo verme como tendrían que verme si fuera cierto. Luego, si quiero tener una conversación con ellos, mantengo la conversación desde la premisa de mi deseo cumplido, y entonces ellos me dicen lo que tendrían que decir. Y yo les digo lo que diría, si fuera tal hombre, y luego veamos qué sucede. Y te moldas a ti mismo en ese ser, porque no te estás descartando. No te tiras del puente porque no te gusta como eres; simplemente te remodelas.

Así que, el vaso en la mano del alfarero se estropeó, pero él no desechó el vaso. Lo volvió a trabajar en otro vaso tal como al alfarero le pareció bien hacer. Y el alfarero era su propia maravillosa imaginación humana. Y eso está mencionado en las Escrituras como Dios.

Tú eres nuestro Alfarero. Nosotros somos el barro. Y "Tú" descubrimos que eres YO SOY. "Ve y diles que mi nombre para siempre y para siempre es YO SOY." (Éxodo 3:15) No puedes escapar de YO SOY. ¿Cómo vas a escapar de él? ¿Dónde irías que no estés consciente de YO SOY? No me importa a dónde vayas; no puedes ir a ningún lugar sin estar consciente de que eres. Ese es el nombre de Dios por siempre y para siempre.

Cuando usas la palabra "Dios", podrías pensar en algo diferente a YO SOY. Bueno, ese no es Su nombre. Su nombre es YO SOY. Le damos el nombre "Dios", le damos el nombre "Señor", le damos todos estos nombres. Como te dije la semana pasada, si el nombre "Dios" o el nombre "Señor" o el nombre "Jesucristo" te transmite la idea de algo existente fuera del hombre, ese es un falso dios. En ese caso, tienes al falso Jesucristo. Si piensas por un momento que Jesucristo es algo diferente a tu propia maravillosa imaginación humana, tienes al falso Jesucristo.

Eso puede parecer sacrílego, blasfemo, pero te estoy diciendo lo que sé por experiencia. Un día Él despertará en ti, y despertará en ti como tú. Entonces sabrás la verdad de ello. Ya no lo buscarás viniendo de afuera. Solo puede despertar desde adentro. Ya está en ti, y está enterrado en ti. La Crucifixión ha terminado. Como dijo Pablo, "He sido crucificado con Cristo, sin embargo vivo; pero no yo, sino Cristo vive en mí, y la vida que ahora vivo en la carne, la vivo por la fe del Hijo de Dios, quien me amó, y se entregó por mí." (Gálatas 2:20) Él literalmente se convirtió en mí tal como soy, con todas mis debilidades, todas mis limitaciones. Él asumió todas estas, y espera por mí tan rápida e indiferentemente cuando la voluntad en mí es mala como cuando es buena. Él se convirtió en esclavo, nos dicen las Escrituras, y este [indicando el cuerpo físico] es la vestidura de un esclavo. Él asumió la vestidura de un esclavo... se vació de todo lo que Él verdaderamente es, y asumió la vestidura de un esclavo. Y este cuerpo es la vestidura de un esclavo, porque estás esclavizado por él. Tienes que alimentarlo, bañarlo, lavarlo, y realizar todas las funciones normales y naturales de ese cuerpo. No importa cuánto dinero tengas en el mundo; no puedes pagarle a otra persona para que realice las funciones naturales por ti. Odias hacerlas todas tú mismo. Así que, aquí, esto es un esclavo... la vestidura que Él lleva. Y un día te la quitarás, cuando Él despierte dentro de ella. Entonces Él se la quitará y regresará a la vestidura que era Suya "antes de que el mundo fuera." Y cuando lo haga, se te dice en las Escrituras, Él transformará mi forma humilde para ser una forma con Su gloriosa forma. No trates de siquiera concebir qué es esa forma. No tiene nada que ver con esto [indicando el cuerpo] en absoluto. No tiene nada que ver con las debilidades y limitaciones de esta vestidura de carne.

Es... bueno, fuego; podría llamarlo. Es humano, te lo concedo... al menos, el rostro lo es, la voz lo es; las manos lo son. Pero no trates de siquiera concebir el cuerpo mismo; solo sé por experiencia que es un ser ardiente de la noche. Ese es el Ser que es.

Dondequiera que estés, vestido en ese cuerpo, es el Cielo. En ese cuerpo, si caminas por el Bosque Petrificado, este estallará en follaje. Si te paras en el desierto, florecería como la rosa.

Así que, el Cielo no es una ubicación. No es algún área o reino; es el Cuerpo que vistes. Dondequiera que vayas, vestido en ese Cuerpo, todo es perfecto. Cuando no estás vestido en él… bueno, como Milton hizo que su Satanás dijera:

"Adonde sea que vuelo, es el infierno; yo mismo soy el infierno."

[Milton, "El Paraíso Perdido"]

Dondequiera que estés en esta vestidura… la vestidura de Cristo… dondequiera que vayas, es perfecta. No hay nada desarmonioso dondequiera que estés.

Eso me sucedió en 1946, estaba cruzando el Mar Caribe en camino a Mobile, Alabama, y de repente este movimiento ocurrió dentro de mi cabeza, y me encontré realmente vestido en esta hermosa vestidura de luz. Pensé en ese momento que había superado la muerte, y un coro celestial cantaba, "Neville ha resucitado, Neville ha resucitado," Y luego vi este mar infinito de imperfección humana, y supe que me estaban esperando. Deslicé… no caminaba; simplemente deslicé. Y cuando llegué a esta enorme multitud; los ciegos, los sordos, los cojos… todos ellos fueron transformados en seres perfectos. Ojos que faltaban salieron de la nada y llenaron las cuencas vacías. Brazos que faltaban salieron de la nada, y todos eran maravillosamente perfectos. Y, sin embargo, no levanté un dedo para hacerlo así, no mostré compasión. Nadie me pidió nada. Simplemente, al pasar, porque la Perfección estaba dentro de mí en su plenitud, ¡todo en mi mundo tuvo que ser perfecto! Y cuando llegué al final, ese mismo grupo coral que empezó cantando mis alabanzas, "Neville ha resucitado. Neville ha resucitado;" cuando llegué al final, exultaron y cantaron, "Está terminado." Y en ese momento me cristalicé y volví a este pequeño cuerpo que estaba en el catre del barco.

Todo eso fue tan vívido en el ojo de mi mente. Tenía un manuscrito que habría sido, digamos, un libro de 300 páginas. Lo rasgué y lo tiré y escribí el pequeño folleto llamado "La Búsqueda", basado en esa experiencia. ¡De la nada, sucedió! Así que sé por mi propia experiencia que cuando estés vestido en esa vestidura, como lo estarás algún día, estás en el Cielo. Es tu Cuerpo Celestial. No puede morir. Es tu Ser Inmortal. Dondequiera que estés, es perfecto. Si fueras al infierno, el infierno dejaría de ser infierno y se convertiría en cielo. Dondequiera que vayas, todo se transforma en armonía con la Perfección que brota dentro de ti.

Así que, el Cielo no es un reino, como hablan nuestros evangelistas. Fui a una fiesta el sábado pasado, y este hombre… un caballero jubilado… los ha estudiado todos. ¡Los tiene todos catalogados! No. 3, No. 5, No. 2, No. 7; tiene millones que nunca llegarán al cielo. Tiene un concepto peculiar en su ojo mental. Está todo allí. Luego, esta dulce señora con sus dos pequeñas niñas… tenía una, supongo, de cinco meses, y luego una, diría yo, oh, de un año y medio… dulces pequeñas niñas, y él le dijo a ella, incluyendo a los dos de nosotros que estamos aquí esta noche – un caballero aquí estaba conmigo, y sabe exactamente lo que se dijo. Nadie le había pedido nada, pero él dijo, "Sabes, tengo la virilidad y la vida sexual de un joven de dieciocho años y medio," y esta madre de estas dos pequeñas niñas muy inocentemente le dijo, "Pero te ves tan viejo." ¡Qué silencio! Silencio muerto. Nadie había tenido el valor de decirle a ese hombre antes, "¿Por qué te ves tan viejo si eres esta cosa viril de la que hablas?" Luego, por supuesto, se levantó y se fue. La gente pasa por este maravilloso mundo nuestro con los conceptos más extraños de cielo e infierno. Todo está dentro del hombre. Cuando estás vestido con esta maravillosa vestidura – y hablo desde mi propia experiencia – todo es perfecto. Olvida el llamado segundo cielo, tercer cielo, cuarto cielo – simplemente olvídalo. Estás vestido en esa vestidura; la vestidura es perfecta, y dondequiera que vayas, es perfecta. No hay infierno cuando estás vestido en esa vestidura. No hay espacio para ello. Ningún hombre podría ser ciego en tu presencia. Ningún hombre podría tener un brazo faltante en tu presencia. Nada podría ser imperfecto en la presencia del Perfecto. ¡Eres la Vida misma! Eres la Resurrección y la Vida. Resucitas todas las cosas – sí, el Bosque Petrificado no estará petrificado en tu presencia. Todo estallará en flor. El desierto comenzaría a florecer si caminaras en él. ¡Eso es el Cielo!

Así que, no tienes que ir a un lugar. Simplemente tienes que ser re-vestido. Se nos dice, "Él transformará nuestros cuerpos humildes para ser uno con Su Cuerpo Glorioso," que es el Cuerpo de Cristo.

Así que, aquí esta noche, tómame en serio y sabe que tu propia maravillosa imaginación humana es el Cuerpo Divino del Señor Jesús. Ahora, trata de usarla con amor siempre que la uses, y la estás usando mañana, tarde y noche, ya sea que seas consciente de ello o no. Siempre que tengas dudas, haz lo que es amoroso; entonces habrás hecho lo correcto. Siempre que dudes sobre lo que debes hacer, haz lo amoroso, y será lo correcto.

Así que, permíteme ahora juntar todo. Si esta noche sabes lo que te gustaría ser pero no eres esa persona, no desesperes. Sé honesto contigo mismo y pregúntate: ¿Qué me gustaría ser?

¿Qué tipo de ingreso me gustaría tener? ¿Dónde me gustaría vivir? No hagas estas cosas basándote en lo que piensas que eres capaz de hacer. Simplemente, ¿qué te gustaría ser? ¡Entonces, atrévete a asumir que ya lo eres! Y luego, ve el mundo desde esa suposición. Atrévete a asumirlo, y luego mira el mundo desde ahí, e intenta darle vividez sensorial y los tonos de la realidad. Y luego cree lo que te dije: La visión que has hecho tan real en el ojo de tu mente tiene su propia hora señalada, y definitivamente, a su propio buen tiempo, aparecerá en tu mundo de una manera que no conoces conscientemente. Se construye a sí misma el puente de incidentes, el puente sobre el cual caminas hacia su cumplimiento.

Ahora, podemos entrar en el Silencio.

GUÍA PRÁCTICA

-

EJERCICIOS PRÁCTICOS

1. Rehacer la Vasija: Identifica un aspecto de tu vida que consideres "estropeado" (como una relación, trabajo, o estado emocional). Cierra los ojos e imagina que esa situación está resuelta de manera perfecta. Ve el resultado como si ya existiera, dando gracias por ello.

2. Ejercicio "Recuerdo Cuando": Imagina una situación deseada como si ya fuera realidad, y repite: "Recuerdo cuando esto no era así." Por ejemplo, "Recuerdo cuando no tenía este trabajo maravilloso." Este ejercicio ancla tu imaginación en el estado deseado.

3. Visualización Sensorial: Siéntate en silencio y visualiza una escena que represente tu deseo cumplido. Usa todos tus sentidos: siente los objetos, escucha las voces, huele los aromas. Esto refuerza la sensación de realidad en tu imaginación.

-

REFLEXIONES GUIADAS

1. ¿Qué situaciones en tu vida representan "vasijas estropeadas"? ¿Qué pasos podrías tomar para rehacer esas situaciones en tu imaginación antes de buscar soluciones externas?

2. ¿Qué emociones surgen cuando imaginas que ya tienes lo que deseas? ¿Cómo puedes anclarte más profundamente en esas emociones positivas?

3. ¿Cómo podrías practicar usar tu imaginación de manera más consciente y amorosa en tu vida diaria?

-

CONCEPTOS DE PSICOLOGÍA POSITIVA

1. Visualización Positiva: La psicología positiva utiliza la visualización para ayudar a las personas a concentrarse en el éxito y la autorrealización, un concepto alineado con la idea de Neville de rehacer la vasija en tu mente.

2. Autonomía y Propósito: Tomar control de tu imaginación refuerza tu sentido de autonomía y propósito, elementos clave para el bienestar según Martin Seligman.

3. Optimismo Realista: Al imaginar resultados positivos como si ya fueran reales, puedes fomentar un optimismo que te ayude a superar obstáculos con mayor resiliencia.

-

CITAS DE TEXTOS ESPIRITUALES

1. Jeremías 18:6: "¿No puedo yo hacer con vosotros como este alfarero, oh casa de Israel?" Esto refleja la capacidad de la imaginación para rehacer cualquier aspecto de nuestras vidas.

2. Isaías 64:8: "Pero ahora, oh Señor, tú eres nuestro Padre; nosotros el barro, y tú nuestro alfarero." Refuerza la idea de que el poder creador reside dentro de nosotros.

3. Habacuc 2:3: "La visión tiene su tiempo señalado; al final hablará y no mentirá. Aunque tarde, espérala, porque sin duda vendrá." Una afirmación poderosa sobre la paciencia en el proceso creativo.

-

PERSPECTIVAS DE AUTORES RELACIONADOS

1. Joseph Murphy (El Poder de Tu Subconsciente): Murphy explica cómo el subconsciente actúa como el "alfarero" que moldea nuestras vidas basado en las imágenes persistentes que le proporcionamos.

2. William Blake: Blake consideraba que la imaginación es el "cuerpo eterno del hombre" y la clave para transformar la realidad, en línea con la enseñanza de Neville.

3. Eckhart Tolle (El Poder del Ahora): Tolle destaca la importancia de estar presente y usar el momento actual para cambiar nuestra percepción, similar a la práctica de Neville de rehacer la vasija aquí y ahora.

TEMAS CLAVE

EL ARTE DE MORIR (TRANSFORMACIÓN PERSONAL)

En el pensamiento de Neville Goddard, el concepto central del "arte de morir" no se relaciona con la muerte física, sino con un profundo proceso de transformación interna. Esta idea se centra en la necesidad de abandonar antiguos estados de conciencia, que representan las circunstancias, creencias y limitaciones actuales, para abrirse a nuevos estados más deseables y elevados.

Goddard plantea que este proceso requiere que la persona deje atrás las identidades con las que se ha identificado previamente, así como las condiciones que definen su realidad actual. Este "morir" simbólico permite una renuncia consciente a las viejas estructuras internas, dando paso al surgimiento de una nueva versión de sí misma, alineada con los deseos y aspiraciones más profundos.

Una clave esencial en este arte de transformación es la práctica de vivir en el estado deseado como si ya fuera una realidad tangible. Según Goddard, la imaginación humana no solo es una herramienta, sino el poder creativo mismo que construye el mundo interno y, en consecuencia, el externo. Al visualizar vívidamente el estado que se desea alcanzar, y al experimentar emocionalmente la sensación de ya habitar en ese estado, el individuo establece un puente entre su realidad actual y el futuro que quiere manifestar.

Esta práctica no solo redefine el concepto de transformación personal, sino que también resalta la responsabilidad individual en la creación de la propia realidad. Goddard enfatiza que, al comprometerse con este ejercicio de imaginación persistente, se desata un poder transformador que puede reconfigurar tanto la percepción de uno mismo como las circunstancias externas. Así, el "arte de morir" se convierte en una poderosa metodología para trascender las limitaciones y alinearse con una vida más plena y auténtica.

-

LA IMAGINACIÓN COMO PODER DIVINO

Según Neville Goddard, la imaginación humana no es solo una capacidad mental ordinaria, sino una manifestación directa del poder divino que sustenta toda la creación. Para Goddard, la imaginación representa la esencia misma de la divinidad operando dentro de cada individuo, y este poder tiene la capacidad de materializar realidades y transformar la vida de manera fundamental.

Goddard argumenta que la diferencia esencial entre Dios y el hombre radica únicamente en el grado de intensidad con el que este poder creador es aplicado. Mientras que Dios opera con una intensidad absoluta, los seres humanos, aunque poseedores del mismo poder, a menudo lo emplean de manera limitada y poco consciente. Sin embargo, cuando la imaginación se utiliza con fe, propósito y enfoque, el individuo puede llegar a niveles de creación comparables al poder divino en su expresión más pura.

En este marco, Goddard introduce la idea de los estados de conciencia como realidades permanentes que existen como potencialidades siempre disponibles. Estos estados no se crean ni desaparecen, sino que el ser humano transita entre ellos mediante el uso de su imaginación. Por ejemplo, un estado de pobreza y uno de riqueza coexisten simultáneamente como posibilidades, y es a través del enfoque imaginativo que una persona puede "morir" a su estado actual e "ingresar" a un nuevo estado deseado.

Esta visión redefine la imaginación no solo como una herramienta creativa, sino como el medio divino por el cual se construye y transforma la experiencia humana. Para Goddard, comprender y utilizar este poder con conciencia es la clave para realizar los sueños y alcanzar una vida que refleje los anhelos más profundos de la mente y el espíritu.

-

LA BIBLIA COMO MANUAL DE TRANSFORMACIÓN INTERNA

Neville Goddard aborda la Biblia desde una perspectiva profundamente simbólica y psicológica, alejándose de una interpretación literal o histórica. Según su visión, este texto sagrado no es simplemente un relato de eventos antiguos o un conjunto de reglas religiosas, sino una guía universal para la transformación personal. En este sentido, cada personaje, historia y evento bíblico adquiere un significado interno, representando aspectos de la psique humana y etapas en el viaje hacia la realización espiritual y la manifestación de los deseos.

Goddard sostiene que la Biblia describe en clave alegórica los procesos internos de cambio y evolución de la conciencia. Los personajes no son figuras externas o históricas, sino arquetipos que simbolizan las dinámicas internas de cada persona. Por ejemplo, Moisés, uno de los personajes más icónicos de la

Biblia, representa el poder de liberar y guiar la conciencia hacia un estado superior. Sin embargo, su incapacidad para entrar en la Tierra Prometida tiene un significado más profundo: simboliza la necesidad de dejar atrás, o "morir" al estado actual de conciencia, para que un nuevo estado pueda ser plenamente vivificado.

En esta narrativa, la Tierra Prometida no es un lugar físico, sino un estado de plenitud, realización o el cumplimiento de un deseo. Para llegar a ese estado, la identidad anterior, representada por Moisés, debe "morir", ya que el yo actual no puede coexistir con la nueva realidad deseada. Este proceso de transformación es esencialmente psicológico y espiritual, y requiere una entrega completa a la visión de lo que se quiere ser, dejando atrás las limitaciones del presente.

Goddard también enfatiza que las enseñanzas de la Biblia no son exclusivas de un tiempo, lugar o cultura, sino universales y atemporales. Cada individuo puede aplicar estos principios para superar obstáculos internos, redefinir su identidad y manifestar una vida acorde con sus aspiraciones más profundas. Al reinterpretar las historias bíblicas como metáforas del poder de la imaginación y la transformación interna, Goddard convierte este antiguo texto en un manual práctico para el crecimiento personal y espiritual.

-

EL PERDÓN COMO UN CAMINO HACIA LA UNIDAD

En el pensamiento de Neville Goddard, el perdón trasciende el ámbito de lo moral para convertirse en un acto profundamente espiritual y transformador. Según su enseñanza, el perdón es una herramienta esencial para la liberación tanto propia como de los demás, ya que permite distinguir entre el individuo y el estado de conciencia en el que este se encuentra atrapado. Desde esta perspectiva, las acciones y comportamientos de una persona no son intrínsecos a su verdadera esencia, sino expresiones temporales del estado que ocupa en un momento dado.

Goddard explica que todos los estados de conciencia existen como realidades potenciales, y el ser humano transita a través de ellos a lo largo de su vida. En este contexto, perdonar significa liberar a los demás de la identificación con estados negativos o limitantes, reconociendo que cualquier persona tiene la capacidad de cambiar su estado y manifestar uno más elevado. Este acto no solo beneficia al perdonado, sino también al que perdona, ya que fomenta la unidad y la comprensión de que todos los seres son extensiones de la misma divinidad.

La "dieta del pan y el vino", un símbolo tomado de la Biblia, se interpreta en las enseñanzas de Goddard como una práctica de perdón y aceptación incondicional. El pan representa el sustento esencial de la vida, mientras que el vino simboliza la alegría y la trascendencia. Al "comer este pan y beber este vino", las personas participan en un acto de reconciliación mutua y reconocimiento de su naturaleza compartida como expresiones de Dios. Este ritual simbólico sugiere la importancia de vivir desde un lugar de compasión y amor incondicional, reconociendo que toda enemistad o conflicto surge de estados temporales y no de la verdadera identidad del otro.

Además, Goddard subraya que este tipo de perdón requiere una visión espiritual avanzada, una que permita separar al individuo del estado en el que ha caído. Este nivel de comprensión libera al perdonador de juicios y resentimientos, abriendo el camino para la manifestación de un mundo más armonioso y coherente con los principios divinos. Así, el perdón no es simplemente una virtud, sino una práctica espiritual transformadora que alinea a las personas con su naturaleza divina y las une en un entendimiento compartido de su origen y destino como extensiones de Dios.

-

LA INTERCONEXIÓN UNIVERSAL

Según Neville Goddard, la interconexión universal es un principio fundamental que rige tanto el mundo visible como los procesos internos del individuo. Goddard destaca que todos los seres humanos, las circunstancias y los estados de conciencia están profundamente interrelacionados, formando una red de conexiones que trasciende las apariencias externas. Esta idea refuerza la noción de que cada experiencia vivida, ya sea percibida como positiva o negativa, tiene un propósito esencial en el desarrollo espiritual del individuo y de la humanidad en general.

En las enseñanzas de Goddard, el crecimiento espiritual se entiende como un proceso dinámico que implica el movimiento continuo a través de distintos estados de conciencia. Cada estado representa un nivel de experiencia, un escenario en el cual se resuelven conflictos internos y externos, y se aprende lecciones necesarias para el avance personal. Este tránsito no es lineal, sino que responde a la capacidad de cada persona de imaginar y habitar nuevos estados más deseables, dejando atrás las limitaciones de los antiguos.

La interconexión universal, según Goddard, significa que ningún individuo o experiencia está aislado. Los pensamientos, emociones y acciones de una persona tienen un impacto directo no solo en su vida, sino también en el tejido de la realidad que comparte con otros. Esta perspectiva subraya la responsabilidad individual de participar activamente en la creación de un mundo mejor mediante la elevación de su propio estado de conciencia.

Además, Goddard plantea que cada experiencia, independientemente de si se percibe como buena o mala, está diseñada para promover el despertar espiritual. Los desafíos y conflictos sirven como catalizadores que empujan al individuo a cuestionar su estado actual y a buscar uno más elevado. De manera similar, las experiencias positivas confirman la capacidad de la imaginación para manifestar realidades deseadas, reforzando la fe en el poder divino inherente a cada persona.

En este marco, la evolución espiritual no es un camino aislado, sino un viaje compartido donde cada ser juega un papel en el despertar colectivo. La comprensión de la interconexión universal permite a las personas ver más allá de las divisiones aparentes y abrazar una visión unificada de la vida, donde todo lo que ocurre tiene un propósito mayor en el proceso de transformación individual y colectiva.

-

LA APLICACIÓN PRÁCTICA DE LA IMAGINACIÓN

Neville Goddard presenta la imaginación como una herramienta práctica y poderosa para transformar la percepción de uno mismo y de los demás, y para moldear la realidad de acuerdo con los deseos más profundos. Según Goddard, la imaginación no es meramente un ejercicio mental, sino el medio por el cual se pueden superar limitaciones y manifestar estados deseados.

Al utilizar la imaginación de manera persistente y enfocada, las personas pueden modificar las circunstancias de sus vidas y también influir positivamente en las experiencias de quienes los rodean.

Una de las aplicaciones más importantes de la imaginación, según Goddard, es la capacidad de visualizar a los demás en estados más elevados y positivos. Esto incluye ver a amigos, familiares o incluso enemigos como versiones mejores de sí mismos, libres de sus limitaciones actuales. En este acto de imaginación, el individuo asume que el cambio ya ha ocurrido y sostiene esa visión con fidelidad, independientemente de lo que las circunstancias externas puedan indicar. Para Goddard, esta práctica no solo transforma al imaginado, sino también al que imagina, creando una realidad compartida más alineada con la armonía y el crecimiento espiritual.

Goddard ilustra este principio con numerosos ejemplos prácticos, enfatizando que la imaginación persistente puede superar incluso los obstáculos más grandes. En sus charlas y escritos, narra historias de personas que, a través de la visualización constante, lograron cambiar su situación financiera, mejorar su salud, reconciliar relaciones o alcanzar metas aparentemente inalcanzables. Estas transformaciones son posibles, según él, porque la imaginación activa el poder creativo divino, que reordena la realidad para reflejar el estado visualizado.

Un punto clave en esta práctica es la emoción y la sensación asociadas con la visión imaginada. Goddard insiste en que las personas deben experimentar internamente la alegría, la gratitud y la satisfacción de ya haber alcanzado lo que desean. Esta conexión emocional profundiza el acto de imaginación, convirtiéndolo en una experiencia viva y poderosa que acelera su manifestación.

La aplicación práctica de la imaginación según Neville Goddard no es solo un ejercicio de pensamiento positivo, sino un compromiso profundo con el acto creativo. Al visualizar consistentemente estados deseados, tanto para sí mismos como para los demás, las personas pueden transformar sus vidas y contribuir al bienestar colectivo, demostrando el inmenso poder de la imaginación como el instrumento divino que da forma a la realidad.

-

EL MISTERIO DE LA IDENTIDAD DIVINA

Según Neville Goddard, el misterio de la identidad divina reside en la afirmación de que Dios y el hombre no son entidades separadas, sino una misma esencia. Goddard sostiene que la experiencia humana es, en realidad, un proceso continuo de descubrimiento y realización de esta verdad fundamental. Cada individuo, al explorar su capacidad de imaginar, está recorriendo un camino hacia el despertar divino, un estado en el cual se reconoce y se utiliza plenamente el poder creativo inherente a la imaginación humana.

Este despertar, según Goddard, no es un evento externo ni un acto milagroso en el sentido tradicional, sino una transformación interna que ocurre cuando la persona comprende y acepta que su imaginación es el mismo poder divino que crea y sostiene el universo. En este proceso, los eventos de la crucifixión y la resurrección, tal como se presentan en los textos bíblicos, adquieren un significado profundamente simbólico. Goddard interpreta la crucifixión no como un hecho físico, sino como el abandono de viejos estados de conciencia, patrones de pensamiento y creencias limitantes que definen la identidad actual de la persona.

La resurrección, por otro lado, simboliza el renacimiento en una nueva realidad, una manifestación de los estados deseados que se logran al comprometerse con una nueva visión de sí mismo a través de la imaginación. Para que esta transformación ocurra, es necesario un acto de entrega total, un "morir" al yo antiguo para que el yo deseado pueda cobrar vida. Este ciclo de crucifixión y resurrección, que Goddard considera como una ley universal, permite al individuo avanzar hacia niveles superiores de conciencia y expresión.

Goddard también enfatiza que este proceso es profundamente personal y universal a la vez. Cada ser humano, al utilizar su imaginación para reconfigurar su percepción de sí mismo y de su entorno, está participando en el acto divino de creación. Este entendimiento redefine la identidad del hombre no como un ser separado o limitado, sino como una extensión directa del poder divino en acción, una expresión viva del Dios único que opera a través de todos.

El misterio de la identidad divina, según Neville Goddard, revela que el propósito último de la vida humana es despertar al conocimiento de que el hombre es Dios en potencia, y que este despertar se logra mediante el reconocimiento y uso consciente del poder transformador de la imaginación. La crucifixión y la resurrección son metáforas de este viaje hacia una conciencia superior, una invitación a dejar atrás las limitaciones para abrazar la infinita posibilidad del ser divino.

-

EL DESAFÍO DE LA FE Y LA PERSISTENCIA

Según Neville Goddard, la fe y la persistencia son elementos esenciales para transformar los deseos en realidades tangibles. Él subraya que estos principios no son meras cualidades abstractas, sino prácticas concretas que deben integrarse en la vida diaria para que el poder de la imaginación funcione de manera efectiva. Goddard enfatiza que el mayor desafío para la realización de los deseos proviene de la duda y la falta de compromiso con el estado deseado. Estas barreras internas, a menudo alimentadas por las expectativas sociales y la lógica convencional, son los principales impedimentos para alcanzar los objetivos.

En las enseñanzas de Goddard, la fe no es una simple creencia pasiva en algo intangible, sino una convicción activa y profunda de que el deseo ya está cumplido. Esta fe se expresa en la capacidad de imaginar con claridad y detalle el estado deseado como si ya fuera una realidad. Sin embargo, este proceso requiere persistencia: una dedicación constante a esta visión, incluso frente a evidencias externas que parezcan contradecirla.

El abandono total al deseo implica lo que Goddard describe como un grado de "locura", ya que exige una ruptura radical con las normas sociales y las limitaciones racionales. En este contexto, "locura" no significa irracionalidad, sino la disposición a desafiar las convenciones y abrazar una realidad imaginada que, en el momento presente, puede parecer imposible o absurda para otros. Esta disposición a "entregarse por completo" a un estado deseado es esencial para su manifestación, ya que elimina las resistencias internas y alinea la conciencia con el resultado imaginado.

Goddard enfatiza que la fe debe ir acompañada de una confianza inquebrantable en la capacidad de la imaginación para crear. Esta confianza se refuerza mediante la práctica constante de visualizar el estado deseado y experimentar las emociones asociadas con su cumplimiento. Para aquellos que persisten con esta práctica, el deseo comienza a manifestarse de maneras que a menudo parecen coincidentes o milagrosas, demostrando la efectividad del proceso.

El desafío de la fe y la persistencia, según Neville Goddard, reside en superar las dudas y la falta de compromiso, y en adoptar un enfoque audaz y decidido para vivir en la realidad deseada. Este enfoque, aunque puede parecer contrario a la lógica o las normas sociales, es fundamental para liberar el poder creativo de la imaginación y transformar los deseos en hechos concretos.

CONCLUSIÓN

En sus enseñanzas, resalta:

- La imaginación como el poder divino en acción: Cada individuo tiene la capacidad de transformar su vida al visualizar con claridad y fe su estado deseado.

- El "arte de morir": Dejar atrás viejos estados de conciencia para adoptar nuevos estados, permitiendo la manifestación de una nueva realidad.

- El perdón como un acto liberador: Separar al individuo de su estado actual, reconociendo su potencial para transformarse y trascender limitaciones.

- El desafío de la fe y la persistencia: Mantener el compromiso con la visión deseada, incluso frente a las dudas y las circunstancias externas que parecen contradecirla.

PLAN DE ACCIÓN PARA LA APLICACIÓN DIARIA

1. Definir un Deseo Claro y Específico:
   - Reflexiona sobre un área de tu vida que deseas transformar (salud, relaciones, finanzas, propósito personal).
   - Formula tu deseo de manera positiva y específica, asegurándote de que represente un estado que realmente anhelas.

2. Visualizar el Estado Deseado:
   - Dedica tiempo cada día, preferiblemente antes de dormir, para imaginarte viviendo en ese estado como si ya fuera una realidad.
   - Utiliza los cinco sentidos en tu visualización: ¿Qué ves, sientes, escuchas o experimentas en ese estado?
   - Mantén la emoción asociada con la realización de tu deseo, como gratitud, alegría o satisfacción.

3. Actuar con Fe y Persistencia:
   - Vive cada día con la certeza de que tu deseo ya está cumplido, ajustando tus pensamientos, palabras y acciones para alinearte con esa realidad.
   - Evita dudar o desviar tu atención hacia resultados opuestos. Cada vez que surja una duda, regresa mentalmente a tu visión.

4. Transformar las Relaciones a través del Perdón:
   - Visualiza a las personas en tu vida (amigos, familiares o incluso adversarios) como versiones mejores y más felices de sí mismos.
   - Practica el "arte de morir" al soltar resentimientos y liberar a los demás de juicios basados en sus estados actuales.

5. Revisar el Pasado y Crear el Futuro:
   - Si algún evento del pasado afecta tu bienestar, reimagínalo como si hubiera sucedido de una manera que te beneficie. Experimenta mentalmente la nueva versión hasta que se sienta real.
   - Usa el mismo enfoque para moldear tus experiencias futuras.

6. Registrar el Progreso:
   - Lleva un diario donde documentes tus deseos, visualizaciones y resultados. Esto no solo refuerza tu fe, sino que también te ayuda a reconocer patrones y mejorar tu práctica.

7. Adaptarse y Persistir:
   - Acepta que los cambios internos y externos toman tiempo. Si los resultados no se manifiestan de inmediato, revisa tu enfoque, ajusta tu compromiso emocional y continúa persistiendo con confianza.

GLOSARIO DE CONCEPTOS CLAVE

1. Arte de Morir:
- El proceso de abandonar un estado de conciencia actual para adoptar uno nuevo y deseado. Esto implica "morir" a las viejas limitaciones y renacer en una nueva identidad o realidad.

2. Imaginación:
- La capacidad divina inherente en cada persona para crear y transformar la realidad. Según Goddard, la imaginación humana es el mismo poder creador que sostiene el universo.

3. Estado de Conciencia:
- Una condición mental o emocional que define la percepción de la realidad de una persona. Los estados son permanentes, pero las personas pueden moverse entre ellos a través de la imaginación.

4. Fe:
- La convicción absoluta de que un deseo ya es una realidad. Es el fundamento necesario para manifestar cualquier cambio en la vida.

5. Persistencia:
- La práctica de mantener el enfoque y la emoción en un estado deseado, incluso cuando las circunstancias externas no parecen apoyar ese objetivo.

6. Perdón:
- El acto de liberar a otros y a uno mismo de juicios y estados limitantes. Implica reconocer la diferencia entre la esencia del individuo y el estado en el que se encuentra.

7. Visualización:

- La práctica de imaginar vívidamente un estado deseado como si ya fuera real, utilizando los sentidos y las emociones para hacerlo tangible.

8. Crucifixión:

- Una metáfora para el acto de fijarse en un estado deseado y renunciar al estado actual. Representa la entrega total a un nuevo nivel de conciencia.

9. Resurrección:

- El renacimiento en un nuevo estado de conciencia tras haber abandonado el anterior. Es el cumplimiento de un deseo o visión imaginada.

10. Tierra Prometida:

- Un símbolo de un estado deseado o un objetivo cumplido. Representa la realización de los sueños y aspiraciones.

11. Pan y Vino:

- Metáfora del perdón y la reconciliación. El pan representa el sustento espiritual y el vino la alegría de liberar a los demás y a uno mismo de las limitaciones.

12. Locura Divina:

- La disposición a abandonar la lógica convencional y actuar con fe total en un deseo, desafiando las normas sociales o racionales.

13. Revisión:

- Una técnica para reimaginar eventos pasados de manera que beneficien al individuo, cambiando así su impacto en el presente y el futuro.

14. Moisés:

- Un símbolo del poder interno del hombre para liberar su conciencia y guiarla hacia estados superiores. Representa la transición hacia la realización personal.

15. Dios y Hombre:

- La unión esencial entre lo divino y lo humano. Según Goddard, Dios y el hombre son uno, diferenciados solo por el grado de intensidad en el uso del poder creativo.

16. Universos Internos:

- La idea de que existen infinitos estados y realidades dentro de cada individuo, accesibles a través de la imaginación y la conciencia.

17. YO SOY:

- La identidad esencial del ser. Es la base de toda creación y transformación, expresada a través de las palabras y pensamientos que uno utiliza para definir su realidad.

LECTURAS RECOMENDADAS

1. "El Poder de la Imaginación" de Neville Goddard
- Una recopilación de las enseñanzas más influyentes de Neville Goddard sobre cómo usar la imaginación para transformar la vida. Ideal para quienes buscan aplicar sus principios de manera práctica.

2. "Despierta a la Imaginación" de Neville Goddard
- Este libro ofrece una guía para comprender cómo la imaginación puede ser usada conscientemente para manifestar cambios positivos en la vida.

3. "Tu Fe es tu Fortuna" de Neville Goddard
- Explora cómo la fe y la imaginación están interconectadas, mostrando cómo la creencia firme en un deseo puede convertirlo en realidad.

4. "Sentir es el Secreto" de Neville Goddard
- Un texto breve pero poderoso sobre cómo el sentimiento es el puente entre la imaginación y la manifestación de los deseos.

5. "La Ley y la Promesa" de Neville Goddard
- Incluye relatos prácticos y testimonios sobre el uso de la imaginación creativa para lograr resultados sorprendentes.

6. "El Kybalion" - Por Los Tres Iniciados
- Un clásico de la filosofía hermética que explora principios universales como la correspondencia y la mentalidad, conceptos que complementan las enseñanzas de Goddard.

7. "La Ciencia de Hacerse Rico" - Por Wallace D. Wattles
- Examina cómo la fe y el pensamiento creativo pueden llevar al éxito material, en línea con la idea de que la imaginación crea la realidad.

8. "Piense y Hágase Rico" - Por Napoleon Hill
- Este libro es una guía práctica para usar la fe y el pensamiento positivo en la creación de riqueza y éxito personal.

9. "El Poder del Ahora" - Por Eckhart Tolle
- Aunque con un enfoque diferente, complementa la obra de Goddard al explorar el poder de la conciencia presente.

10. "Autoliberación Interior" - Por Anthony de Mello
- Profundiza en la liberación de las limitaciones mentales y emocionales para alcanzar un estado de plenitud y autorrealización.

CRONOLOGÍA DE LA VIDA DE NEVILLE GODDARD

1905:

- Neville Lancelot Goddard nació el 19 de febrero en St. Michael, Barbados, en el seno de una familia británica. Es el cuarto hijo de una familia de nueve varones y una niña.

1922:

- A los 17 años, Neville se muda a la ciudad de Nueva York para estudiar teatro. Trabaja como actor y bailarín en el escenario y en películas mudas, actuando en Broadway, en películas mudas y haciendo giras por Europa con una compañía de danza.

1923:

- Neville se casa brevemente con Mildred Mary Hughes. Tienen un hijo, Joseph Goddard, nacido en 1924.

1929:

- Neville marca este año como el inicio de su viaje místico. Recuerda una experiencia espiritual: "Fui llevado en espíritu al Consejo Divino donde los dioses conversan".

1931:

- Después de años de estudiar lo oculto, Neville conoce a su maestro Abdullah, un hombre negro con turbante y de ascendencia judía. Trabajan juntos durante cinco años en la ciudad de Nueva York.

1938:

- Neville comienza su propia carrera como docente y conferenciante, compartiendo sus conocimientos místicos.

1939:
- Neville publica su primer libro, A Tus Órdenes.

1940-1941:
- Neville conoce a su segunda esposa, Catherine Willa Van Schumus .

1941:
- Neville publica su segundo libro, Tu Fe es tu Fortuna.

1942:
- Neville se casa con Catherine y tienen una hija, Victoria, más tarde ese mismo año. También publica Libertad Para Todos: una aplicación práctica de la Biblia.

1942-1943:
- De noviembre a marzo, Neville sirve en el ejército y luego regresa a Greenwich Village, Nueva York. En 1943, aparece un perfil suyo en The New Yorker.

1944:
- Neville publica Sentir es el Secreto.

1945:
- Neville publica Plegaria: El Arte De Creer.

1946:
- Neville conoce al filósofo Israel Regardie , quien lo perfila en El romance de la metafísica. También publica un panfleto, La Búsqueda.

1948:
- Neville imparte sus famosas conferencias "Cinco Lecciones" en Los Ángeles, que luego se publican póstumamente como libro.

1949:

- Neville publica Fuera de este Mundo: Pensar en cuarta dimensión.

1952:

- Neville publica El Poder de la Conciencia.

1954:

- Neville publica Imaginación Despierta.

1955:

- Neville comienza a presentar programas de radio y televisión en Los Ángeles.

1956:

- Neville publica Semilla y cosecha: Una visión mística de las Escrituras.

1959:

- Neville experimenta un profundo evento místico, describiéndolo como un renacimiento de su propio cráneo, seguido de otras experiencias místicas.

1960:

- Neville lanza un álbum de palabra hablada.

1961:

- Neville publica La Ley y La Promesa. El capítulo final, "La Promesa", detalla la experiencia mística de 1959 y las experiencias posteriores.

1964:

- Neville publica el panfleto Rompe la Cáscara: Una Lección En Las Escrituras.

1966:

- Neville publica su último libro completo, Resurrección, que describe su visión mística y el potencial de la humanidad para realizar su naturaleza divina.

1972:

- Neville muere el 1 de octubre a los 67 años en West Hollywood, al parecer de un ataque cardíaco. Está enterrado en la parcela familiar en St. Michael, Barbados.

ACERCA DE LOS AUTORES

Neville Goddard

Fue un pensador místico profundo e influyente del siglo XX. Sus enseñanzas se centraban en el concepto radical y empoderador de que la imaginación humana es la verdadera manifestación de Dios. Creía que todo en la vida de una persona, ya sea positivo o negativo, es resultado de sus pensamientos, sentimientos y estados imaginativos.

La infancia de Neville estuvo marcada por su crianza en Barbados, donde nació en 1905 en una familia anglicana. A los 17 años, se mudó a la ciudad de Nueva York en 1922 para dedicarse al teatro. Aunque alcanzó el éxito como actor y bailarín, actuando en Broadway y en películas mudas, su vida dio un giro radical a principios de la década de 1930. Dejó atrás su carrera de actor para sumergirse en el estudio de la metafísica.

Bajo la influencia de su mentor, Abdullah, una misteriosa figura de ascendencia africana y judía, Neville comenzó a explorar principios espirituales profundos que combinaban el cristianismo con el misticismo. Se embarcó en una carrera como escritor y conferenciante, utilizando su carisma e intelecto para dar charlas impactantes en iglesias metafísicas, centros espirituales y lugares públicos. Sus enseñanzas se centraban especialmente en el poder del pensamiento y la imaginación como la fuerza creativa suprema.

A pesar de no alcanzar una fama generalizada durante su vida, la influencia de Neville ha crecido significativamente desde su muerte en 1972. Sus obras, en particular sus libros como Sentir Es El Secreto, El Poder De La Conciencia y La Ley y La Promesa, ahora se consideran precursores de las ideas modernas sobre la mecánica cuántica y el poder de la conciencia para dar forma a la realidad.

Las ideas de Neville también han inspirado a pensadores y autores espirituales contemporáneos, entre ellos Carlos Castaneda y Joseph Murphy, quienes desarrollaron temas similares en sus propias obras. Hoy en día, sus enseñanzas son ampliamente consideradas como atemporales y siguen atrayendo a un público cada vez mayor que busca aprovechar el potencial creativo de la mente.

Imaginatio Divina Editorial

Creemos que el poder de la creación reside en cada uno de nosotros. Inspirados por las profundas enseñanzas de Neville Goddard, promovemos la transformación de la vida a través del poder de la imaginación y la conciencia. Nuestra editorial se dedica a publicar obras que revelan la capacidad innata de los individuos para dar forma a su realidad a través del pensamiento consciente y la fe interior. Cada libro, cada palabra, tiene como objetivo guiar a los lectores hacia el descubrimiento de su naturaleza divina y su poder creativo, en línea con la filosofía de que "la imaginación es Dios en acción".